Natalie H. Rogers

Frei reden ohne Angst und Lampenfieber

Natalie H. Rogers

Frei reden ohne Angst und Lampenfieber

Universitas

Übersetzung aus dem Amerikanischen:
Bettina Schröder
Titel der Originalausgabe:
TALK-POWER / How to Speak without Fear

Schutzumschlag: Christel Aumann, München
Satz: Fotosatz Service Weihrauch, Würzburg
Druck: Jos. C. Huber KG, Dießen
Binden: R. Oldenbourg, Heimstetten
Printed in Germany
ISBN 3-8004-1097-4

Inhalt

Einführung

Vor zehn Jahren, als ich meine zweite Karriere als Psychotherapeutin begann, nachdem ich viele Jahre beim Theater verbracht hatte, nahm ich an einem Kurs für verbale Kommunikation teil. Ich saß in einem Hörsaal und hörte endlosen Reden zu, beobachtete die nervösen und angespannten Studenten bei ihrem Vortrag und hatte den Eindruck, als ob bei ihren Darbietungen auch über einen längeren Zeitraum hinweg keine Verbesserung eintrat. Ihre Reden waren am Ende des Semesters noch genauso wirkungslos, wie sie das am Anfang gewesen waren. Die Studenten strahlten noch genausoviel Unbehagen aus wie am ersten Tag.

Vom Theater kommend, mit meinen langjährigen Erfahrungen als Schauspielerin, Schauspiellehrerin und Regisseurin, war ich fassungslos. Wie konnte die Seminarleiterin nur diese Verkrampfung, diesen Zustand totalen Terrors, in dem sich die Unglücklichen da vorn so offensichtlich befanden, nicht bemerken, fragte ich mich? Warum brachte sie dies kein einziges Mal zur Sprache? Wie konnte sie auch nur eine Minute lang mit den Studenten die Regeln einer überzeugenden Rede diskutieren, wenn es absolut unmöglich war, bei der Mehrzahl der vorgetragenen Beispiele auch nur einen vernünftigen Ablauf zu erkennen? Was konnten die abstrakten Prinzipien sprachlicher Kommunikation zu tun haben mit dieser Ansammlung von Ängsten, die hier in diesem Hörsaal so offensichtlich war? Diese Kursteilnehmer, von denen die meisten noch nie in ihrem Leben auch nur den kleinsten Satz vor einer Gruppe von Zuhörern hatten sprechen müssen, sollten hier vom ersten Tag an mit einer Vielzahl von Anweisungen zum perfekten Formulieren und Sprechen fertig werden.

Als ich mich von meinem Staunen über all dies erholt hatte, trat bei mir etwas ein, was man gemeinhin als einen »Aha-Effekt« bezeichnet. Das heißt, ich hatte eine wunderbare Idee. Mir wurde plötzlich klar, daß all die Übungen, die sich für Schauspieler zur Überwindung ihrer Hemmungen als hilfreich erwiesen hatten, sich auch für das Sprechen in der Öffentlichkeit anwenden lassen müßten. Diesen Gedanken im Kopf entwarf ich einen Stufenplan, mit dessen Hilfe die grundlegenden Anforderungen der freien Rede erlernt werden sollten.

Diese Idee wurde in den letzten zehn Jahren zu einem systematischen Trainingsprogramm ausgebaut und durch meine Erfahrungen als Verhaltenstherapeutin erweitert. Ich sammelte in diesem Zeitraum Wissen und Erfahrungen, durch die das Wirkungsspektrum und die Dimensionen dieses Programms erweitert wurden. Außerdem gab ich dem Programm ein theoretisches Gerüst, das sich sowohl auf wissenschaftliche als auch auf praxisbezogene Grundlagen stützt.

Meinen ersten Kurs über dieses Programm, welches ich jetzt *Talk Power* nannte, hielt ich im YM/YWHA in der 92. Straße von New York City. Weitere Seminare und Kurse gab ich im La Guardia Community College, im Baruch College, im National Congress for Neighborhood Women und für solche Unternehmen wie J. C. Kenney und IBM. Ich hatte auch viele private Kunden, darunter nicht nur Juristen und Geschäftsleute, sondern auch eine Reihe von Persönlichkeiten aus der Politik. Meine Erfahrungen bei der Arbeit an deren Problemen halfen mir, mein Programm so zu perfektionieren, daß es im wahrsten Sinne des Wortes das Leben von Hunderten meiner Studenten und Kunden verändert hat. Die Absicht dieses Buches ist es, meine Idee mit Ihnen zu teilen, damit auch Sie *Talk Power* entwickeln können.

Warum ist Talk Power anders?

Talk Power ist anders als alle anderen Trainingsmethoden für Reden in der Öffentlichkeit, weil es das einzige Programm ist, das sich mit der Angst beschäftigt – der Angst als Barriere zu freiem erfolgreichem Sprechen in der Öffentlichkeit. Das Talk Power-Programm macht sich eine Synthese von Techniken aus drei verschiedenen Gebieten zunutze: Verhaltenstherapie, schauspielerische Fähigkeiten und Sprachbeherrschung – um Schritt für Schritt aus der Angst ein kontrolliertes Verhalten zu machen. Im traditionellen Ansatz wird die Angst vor dem Sprechen in der Öffentlichkeit als Einzelerscheinung, als einfacher Fall von Nervosität, der man mit einer Reihe von Ermahnungen, Tips und Tricks begegnen kann, abgetan. Die traditionelle Auffassung ist, daß man diesem Problem mit Willensstärke Herr werden kann. Wenn man nur an etwas Positives denkt und sich sehr konzentriert, dann sollte es gelingen, in der Situation einer Rede vor Publikum den Pulsschlag auf ein normales Maß »herunterzuzwingen«. Sie werden wahrscheinlich selbst schon die Erfahrung gemacht haben, daß diese Methode nicht funktioniert. Wie viele einschlägige Studien zeigen, ist die Angst eine so starke und geradezu zwangsläufige Reaktionsweise auf diese Situation, daß allein die Willenskraft als Gegenmittel völlig ungeeignet und wirkungslos ist. Das System von Talk Power erkennt die Bedeutung der Angst voll an und versucht, wissenschaftlich von einem behavioristischen Standpunkt aus daran zu arbeiten. Sie hatten bisher gelernt, auf die Situation, in der Öffentlichkeit sprechen zu müssen, mit Angst zu reagieren. Jetzt lernen Sie durch planmäßiges und gezieltes Training eine neue und viel befriedigendere Methode, sich selbst beim Sprechen in der Öffentlichkeit und vor Publikum zu kontrollieren.

Der Angst wird systematisch durch eine Reihe aufeinander folgender Übungen aus dem Repertoire der Schauspielschule und des Behaviorismus begegnet. Diese Übungen wurden dazu entwickelt, innere Anspannungen zu bekämpfen und die Konzentration zu erhöhen. Außerdem sind sie sehr einfach durchzuführen. Auf jeden Fall helfen sie Ihnen dabei, Ihr Knieschlottern zu beenden, das Sie so oft beim Sprechen vor Publikum begleitet hat.

Ein weiteres Gebiet, auf dem sich das System Talk Power von anderen Ansätzen unterscheidet, ist die systematische und detaillierte Aufmerksamkeit, die es der Führung der jeweiligen Rede widmet. Bei den herkömmlichen Verfahren müssen die Studenten vom ersten Tag an mit vollständigen Reden fertig werden. Auch wenn diese Reden nur drei oder vier Minuten lang sind: Ein Student, der keine Ahnung von den grundlegenden Regeln für die Strukturierung einer mündlichen Rede hat, kann diese relativ kleine Aufgabe unmöglich bewältigen, geschweige denn eine anwendbare Redetechnik von sich aus entwikkeln. Das ist genauso wie bei einem Golfspieler, der nie lernt, seinen Schlag zu verbessern, weil er viel zu früh an

Punktspielen teilnimmt, also noch bevor er sich überhaupt eine saubere Schlagtechnik angeeignet hat.

Das Baustein-Modell

Das Talk Power-Programm lehrt die Kunst, eine Rede zu schreiben mit Hilfe einer einfachen Formel. Diese Formel gliedert jede Rede in sieben Grundbausteine. Jeder Baustein wird individuell ausgearbeitet. Zu Beginn sind die einzelnen Abschnitte sehr kurz, nie länger als eine Minute Sprechzeit. Nach Beendigung eines jeden Abschnittes ist eine vollständige Rekapitulation des bisher Gesagten vorgesehen. Auf diese Weise beginnen Sie Ihr Training mit sehr kurzen Einheiten, die immer länger werden, je mehr Bausteine Ihrer Rede Sie zusammenfügen. Zusätzlich lernen Sie, Ihre Gedanken um eine zentrale These zu ordnen und zu kategorisieren. Gleichzeitig werden Sie mit systematischem Denken vertraut.

Der Aufbau einer Rede der beschriebenen Art gibt Ihnen Selbstvertrauen, denn die Formel ist so eindeutig und klar und führt Sie so sicher, daß Gefühle wie Panik und Nicht-mehr-weiter-Wissen gar nicht entstehen können. Darüber hinaus sind die Regeln für den Aufbau einer ausgewogenen, wohlstrukturierten Rede leicht zu erlernen und zu behalten. Das Verfahren in diesem Programm, eine Rede in eine Anzahl kleiner Schritte zu zerlegen, ist einzigartig und hat sich in vielen schwierigen Fällen bewährt. Zuerst wird der verängstigte Redner schrittweise dazu gebracht, die Angst vor dem öffentlichen Sprechen abzulegen. Danach wird die Aufmerksamkeit auf die schriftliche Formulierung der Rede gerichtet. Dieser zweiseitige Ansatz bedeutet für den Studenten ein Minimum an Druck. Er bringt den Körper dazu, auf den Streß, der beim Sprechen vor Publikum entsteht, in einer ganz neuen und weitaus angenehmeren Art zu reagieren. Gleichzeitig hilft er, die Angst vor dem Schreiben und insbesondere auch vor dem Vortragen einer Rede zu überwinden. (Für Menschen, die wahrhaft phobische Ängste haben, bietet die Panic Clinic für Public Speaking, Anhang I, ein noch basaleres Übungsangebot, das diese dann für das Talk Power-Programm vorbereitet.)

Weil dieses Programm die Angst vor dem Reden in der Öffentlichkeit als ein ganz natürliches und normales Phänomen behandelt, ist das Trainingssystem so entwickelt, daß es schon sehr bald ein Gefühl der Kontrolle über die Angst vermittelt. Dieses Gefühl gibt Hoffnung, ermutigt den Lernenden und ist damit entscheidend für die Überwindung der Angst. Je weiter Sie in den systematischen Übungsplänen vorwärtskommen, um so mehr wird sich dieses Gefühl der Kontrolle in Sicherheit verwandeln, in ein Gefühl der Beherrschung, das den Terror, der schon beim Gedanken an das Sprechen vor Publikum aufkeimt, völlig ausschalten kann. Das ist das Geheimnis dieses Programmes und der Grund dafür, daß es auch da erfolgreich sein kann, wo andere Methoden versagen.

Es kann Ihnen ergehen wie Joanne R. In der Nacht vor ihrem ersten vier Minuten dauernden Vortrag vor einer Gruppe von etwa fünfzig Leuten in ihrer Firma notierte sie: »Ich bin nervös, aber ich weiß, daß ich es kann, weil ich keine Angst mehr habe.«

Das Talk Power-Programm ist außergewöhnlich gut geeignet, Menschen beim Überwinden ihrer Redeangst zu helfen und Sprecher aus ihnen zu machen, die professionell wirken.

Dafür habe ich dieses Buch geschrieben, das die Struktur echter Trainingsseminare wiedergeben soll. Jedes Kapitel behandelt einen der Bausteine und gibt Anweisungen für die Durchführung und die Wiederholung der Aufgaben. Wenn Sie den Anweisungen in jedem Kapitel Folge leisten, werden Sie schon bald merken, daß sich Ihre Angst schrittweise – durch Ihre eigene innere Stabilisierung – in Stärke umwandelt, in Talk Power.

Weshalb Sie Angst haben

Aufgereiht in einem Halbkreis vor einem Rednerpult saßen zwölf gutgekleidete und erfolgreiche Männer und Frauen. Sie alle hatten wichtige und verantwortungsvolle Positionen in großen Unternehmen inne. Trotzdem besuchten sie ein Talk Power-Seminar, denn sie alle hatten gravierende Probleme, wenn sie vor einer größeren Zahl von Leuten sprechen sollten. In privaten Gesprächen waren sie beredt und entspannt, aber sobald sie mit der Aufgabe konfrontiert waren, vor einer Gruppe zu sprechen, fingen ihnen buchstäblich die Knie an zu schlottern.

Als sie die Gründe für den Besuch des Seminars nennen sollten, herrschte zunächst große Zurückhaltung und teilweise peinliches Schweigen. Aber allmählich fingen sie an, sich gegenseitig ihre Geschichten zu erzählen, Geschichten voller Pein und Demütigungen, die sie beim Reden in der Öffentlichkeit schon erlitten hatten.

Herr J., ein Projektmanager in gehobener Stellung, meldete sich zu Wort. »Ich weiß nicht, was mit mir los ist«, sagte er. »Ich gerate geradezu in einen Schockzustand, wenn ich vor einer Gruppe sprechen soll. Letztes Jahr sollte ich bei einem Essen eine Festansprache halten, mußte mich in letzter Minute jedoch niedersetzen. Meine Knie haben so gezittert, daß ich nicht mehr laufen konnte. Ich kann Ihnen gar nicht sagen, wie peinlich das war.« »Alles, was ich zu tun hatte war, diesen Leuten einen kurzen Überblick über die Abteilung zu verschaffen«, berichtete Bob T., ein Verkaufsrepräsentant. »Aber plötzlich fing mein Herz so schnell zu schlagen an, daß ich vollkommen die Kontrolle verlor. Mann, habe ich Mist gemacht. Natürlich hat auch mein Boß davon gehört; das war dann schnell das Ende meines Aufstiegs zum Werbe-Manager. Es wird auch nicht besser. Sogar hier in dieser Rede habe ich das Gefühl, als müßte mein Herz zerspringen.« Frl. C. war Graphikerin für Marketing-Zeitschriften und hatte bereits neun Jahre für ihren Betrieb gearbeitet. Sie berichtete von ihrer Teilnahme an einer Konferenz, bei der sie kein Wort herausbrachte. »Ich hatte eine phantastische Idee und konnte es nicht erwarten, sie loszuwerden – aber ich konnte nicht. Es war lächerlich, denn ich kannte die meisten Teilnehmer. Aber ich sagte dennoch nichts. Dann machte jemand anderes genau denselben Vorschlag, den ich im Kopf hatte, und alle meinten, das sei brillant. Ich hätte mich ohrfeigen können, daß ich diese Gelegenheit ausließ, meinem Chef zu zeigen, zu was ich fähig bin.«

Als Verhaltenstherapeutin, die sich auf die Probleme beim Sprechen in der Öffentlichkeit spezialisiert hat, habe ich in den letzten Jahren Hunderte ähnlicher Geschichten gehört. (Die Angst vor dem Sprechen in der Öffentlichkeit ist die Hauptangst in den Vereinigten Staaten; die Mehrzahl aller Leute leidet darunter.) Viele Leute kommen voller Hoffnungslosigkeit in die Talk Power-Seminare. Sie fürchten, daß ihre Probleme unüberwindbar sind, daß ihnen Fähigkeiten grundsätzlich abgehen, die sie in die Lage versetzen, vor einer größeren Anzahl von Leuten zu sprechen. Ein Teil der Schwierigkeit dabei ist, daß die, die vor dem Sprechen in der Öffentlichkeit so viel Angst haben, oft glauben, daß andere, die dies gut beherrschen – Politiker, Geistliche, Lehrer etc. – diese Fähigkeit von Natur aus haben, ohne echte eigene Anstrengung. Obwohl es durchaus der Fall sein kann, daß man gelegentlich jemanden findet, der eine natürliche Begabung für das öffentliche Sprechen hat, ist es doch weit öfter so, daß eine Menge harter Arbeit und Übung die Voraussetzung dafür ist, zu lernen, seine Gefühle unter Kontrolle zu bringen, negative Körperreaktionen zu bekämpfen und vor einer Zuhörerschaft überzeugend zu sprechen.

Obwohl die Beherrschung des freien Sprechens vor Gruppen in einigen Berufen unabdingbare Voraussetzung sein kann, kann dies doch zu der einen oder anderen Zeit in fast jedem Berufszweig verlangt sein, besonders wenn man in seinem Beruf aufsteigen will. Die Unfähigkeit, vor Gruppen zu sprechen, kann nicht nur peinlich sein, sie kann den Aufstieg kosten oder eine Gelegenheit, ihre Fähigkeiten in ihrem Beruf unter Beweis zu stellen, ruinieren.

Wenn Sie trotz Ihrer Angst vor einer Gruppe sprechen müssen und dann »Mist bauen«, dann untergraben Sie Ihren eigenen Erfolg. Das wissenschaftliche System, das ich entworfen habe, soll Sie systematisch darauf trainieren, die Ängste, die Sie, wie so viele andere Leute, davon abhalten, das Beste aus Ihren Fähigkeiten zu machen, zu überwinden. Es sind dies die Ängste, die Sie über Worte stolpern lassen, die für dauernde Wiederholungen oder das Vergessen wichtiger Punkte verantwortlich sind, oder die Sie dazu bringen, daß Sie mitten im Satz an einem toten Punkt ankommen, daß Sie plötzlich nicht mehr wissen, wie es weitergeht.

Erkennungssymptome

Es gibt drei Symptomhauptkategorien, die von Leuten, die Schwierigkeiten mit dem Sprechen vor Gruppen haben, berichtet werden. Da sind zunächst die physischen Symptome des Unbehagens. Diese können schon Tage vor dem eigentlichen Vortrag beginnen und sich in Form eines nervösen Magens oder schlafloser Nächte äußern. Während der Rede selbst kann das Unbehagen sich in der einen oder anderen Form äußern, meist auf eine der folgenden Arten:

- Beschleunigter Pulsschlag
- Zitternde Knie, die einen beim Aufstehen hindern und es schwierig machen, zum Podium zu gehen oder entspannt vor einer Gruppe zu stehen
- Eine zitternde Stimme, oft auch ein Kloß im Hals
- Hitzewallungen oder ein Schwächegefühl
- Ein nervöser Magen, manchmal auch Übelkeit
- Hyperventilation und ein unkontrolliertes Schnappen nach Luft
- Tränende Augen oder eine laufende Nase

Die zweite Symptomkategorie betrifft die geistigen Prozesse während eines Vortrags. Dazu können gehören:

- Die Wiederholung von Wörtern, Sätzen oder ganzen Aussagen, so daß die Rede wie eine hängengebliebene Schallplatte klingt
- Plötzliches Vergessen des Textes; sich an genaue Fakten oder Zahlen nicht mehr erinnern können oder gar die totale Auslassung wichtiger Punkte
- Ein allgemeiner Zustand der Verwirrung
- Denksperre; der Redner weiß plötzlich überhaupt nicht mehr, was er sagen wollte

Physischen oder geistigen Streßsymptomen gehen oft eine Vielzahl emotioneller Reaktionen voraus oder sie begleiten sie:

- Beklemmungsgefühle, die oft noch kurz vor dem Beginn einer Rede aufkeimen
- Ein Gefühl, von der Situation überwältigt zu sein
- Das Gefühl, die Kontrolle über sich selbst verloren zu haben
- Hilflosigkeit; das Gefühl eines Kindes, mit einer Situation nicht fertig zu werden
- Verlegenheit
- Panik
- Das Gefühl der Beschämung und Demütigung nach einem Vortrag

Diese drei Symptomkategorien beeinflussen sich gegenseitig. Ein beginnendes Gefühl von Panik, das Sie entwickeln, während Sie sitzen und darauf warten, aufgerufen zu werden, kann Ihren Pulsschlag unkontrollierbar schnell beschleunigen. Ihr klopfendes Herz kann Sie noch nervöser machen, und Ihre Kehle wird trocken. Physische

Symptome können sich auf Ihre geistige Konzentration auswirken und verursachen, daß Sie den roten Faden Ihrer Rede verlieren. Wenn Sie über Ihre eigenen Worte stolpern, Sätze wiederholen oder Gedanken ganz auslassen, entsteht leicht ein Gefühl der Verwirrung, und Sie verlieren die Kontrolle über sich selbst.

Kurze physische Symptome von Ängstlichkeit können selbst bei dem vollkommenen Redner auftreten; selbst der perfekt vorbereitete Redner kann während der Rede den Faden verlieren. Aber der versierte und erfahrene Redner weiß, wie er sich selbst wieder unter Kontrolle bekommt, er weiß, wie er seine Nervosität überwindet oder eine Gedankensperre kaschiert. Das Trainingsprogramm, das ich entwickelt habe, soll Sie dazu befähigen, dasselbe zu tun.

Warum Sie Angst haben

Bevor Sie damit beginnen können, ein Problem zu überwinden, müssen Sie den Grund für das Problem, seine Wurzeln, voll und ganz verstehen lernen. Warum haben Sie Angst, wenn Sie vor einer Gruppe von Leuten sprechen? Die Klienten und Studenten, mit denen ich über Jahre hinweg gearbeitet habe, hatten fast alle überhaupt keine Vorstellung davon, warum sie auf solche Probleme stießen, wenn sie vor Gruppen sprechen sollten.

»Schließlich weiß ich, wie man eine Rede hält«, sagten sie.

»Meine Freunde sagen, daß ich sehr witzig bin, aber stellen Sie mich vor ein halbes Dutzend Leute hin, und ich bekomme nicht nur eine bleierne Zunge, ich bin geradezu sprachlos.«

»Ich habe Tage damit verbracht, diese Rede vorzubereiten, aber in dem Moment, als ich aufstand, war plötzlich alles wie weggeblasen. Ich kann nicht verstehen, warum!« Ja, warum?

Schließlich ist die Gruppe, zu der Sie sprechen, möglicherweise sogar sehr klein, nur drei oder vier Leute. Vielleicht kennen Sie sogar einige von ihnen. Warum sollten Sie nervös sein? Was macht aus einer normalerweise ausgeglichenen und beredten Person ein bibberndes Elendsbündel vor einer Gruppe von Zuhörern?

Immer wenn Sie aus einer Gruppe heraustreten, ob Sie nun sitzen oder stehen, sind Sie getrennt von den Leuten, an die Sie sich nun richten. Diese hören Ihnen zu und sehen Sie an. Sie bilden zusammen eine Gruppe, aber Sie, dort vorne vor ihnen, sind allein.

Die anderen können sich in der Anonymität einer Gruppe verstecken, während Sie dort vorne abseits stehen, wie auf einem Präsentierteller. Viele meiner Klienten fühlten sich wie »auf dem Prüfstand«. Es kommt ihnen (nicht dem Publikum) vor, als ob jede ihrer Bewegungen, jede Geste, jede Zungenbewegung hundertfach an Größe und Bedeutung gewinnt. Es ist kein Wunder, daß so viele Leute, die in der Öffentlichkeit sprechen, sich verwundbar fühlen, geradezu bedroht. Sie bringen sich in eine sehr exponierte Position, stellen sich den mikroskopisch prüfenden Blicken ihrer Zuhörerschaft. Sie können sich nicht verstecken. Es ist also kein Wunder, wenn Sie sich schlecht fühlen, und wenn dazu noch Ihr Chef oder jemand anders, auf den Sie Eindruck machen wollen, dort vorne sitzt und Sie anschaut, dann haben Sie noch weit mehr Grund, sich wie auf dem Weg zur Schlachtbank zu fühlen.

Die Tatsache, daß Sie sonst ohne Probleme eine gute Konversation führen können, ist hier ohne Bedeutung. Sie befinden sich nicht in einer Konversation und können sich nicht nach Ihren sozialen Instinkten richten. Statt dessen müssen Sie Vortragstechniken entwickeln, die zu dieser neuen Rolle passen. Sie müssen lernen, Ihr normales soziales Ich zu einem Vortrags-Ich umzuschalten. Und genau um dies zu lernen wurde dieses Trainingsprogramm entwickelt.

Sprechen in der Öffentlichkeit/ Teilnehmen an einer Konversation

Es besteht ein großer Unterschied zwischen normaler Konversation, dem Alltagsgespräch und einem formalen

Vortrag. Um Sie zu erfolgreichem Vortragen zu befähigen, muß in Ihrem Bewußtsein eine bedeutende Verlagerung der Aufmerksamkeit stattfinden. Diese Aufmerksamkeitsveränderung ist wichtig für Sie, denn sie sorgt dafür, daß Sie mit den Veränderungen, die stattfinden, wenn Sie in Ihre neue Rolle als Führer der Gruppe, an die Sie sich richten, schlüpfen, fertig werden.

Die meisten Leute haben nicht gelernt, diese Verlagerung durchzuführen. Unglücklicherweise sind die meisten von uns besser darauf vorbereitet, sich in einer Ebene von Einzelkontakten zu bewegen, als mit dem Publikum umzugehen. Unser soziales Ich ist gut entwickelt; das Präsentations-Ich dagegen nicht.

Wir wurden alle in eine Gesellschaft hineingeboren, in der Konversation zum Alltag gehört. Wir lernen zu sprechen, zuzuhören, ein Gespräch zu führen, wann wir auf andere reagieren sollen und wann nicht, alles durch ausreichende Übung. Wir lernen, das Offensichtliche zu erwarten und weniger offensichtliche Sachverhalte zu interpretieren. Wir entwickeln die Fähigkeit, das Feedback, das uns erreicht, einzuschätzen – sind die Antworten positiv oder negativ? – und erkennen mit der Zeit ein System, in dem alles seinen Platz hat: Lächeln, Nicken, Stirnrunzeln, Fragen, Antworten und Unterbrechungen. Wir lernen, in engem Gedankenaustausch mit anderen Konversation zu führen. Eingebettet in diese vertraute Erfahrung fühlen wir uns sicher, wenn wir anderen unsere Gedanken mitteilen. Aber es kommt sehr selten vor und ist die Ausnahme, daß jemand mit der Vortragssituation, der Erfahrung, ganz allein in einigem Abstand vor einer versammelten Gruppe zu stehen und zu reden, ohne größere Schwierigkeiten und ohne Training fertig wird.

Bei normaler Konversation spielen Sie Ihre Rolle, ob Sie nun zu Gleichgesinnten sprechen, von Freund zu Freund, als Frau mit dem Ehemann, als Angestellter mit dem Vorgesetzten, als Käufer mit einem Verkäufer – Sie kennen die Spielregeln. Je nachdem, wie die Situation aussieht und mit wem Sie gerade sprechen, können Sie autoritär oder eher zurückhaltend, mehr zustimmend oder mehr ablehnend, harmonisierend oder provozierend sein. Aber da Sie ja mit jemandem sprechen, von dem Sie ständig Rückkopplungen bekommen, können Sie Ihre Reaktionen an den Gesprächsverlauf anpassen. Die Konversationsrolle ist von Natur aus umkehrbar, und daran sind Sie gewöhnt. Der Psycholinguist Breyne Arlene Moskowitz glaubt, »daß Kinder ihre Sprachfertigkeiten zuallererst im Dialog entwickeln«. Die Rolle des Vortragenden dagegen beinhaltet völlig andere Bedingungen. Zunächst einmal wird aus dem Geben und Nehmen eines Dialogs, das für gesellschaftliche Konversation selbstverständlich ist, ein Monolog. Außerdem werden Sie in dem Moment, in dem Sie beginnen, zu einer Gruppe zu sprechen, automatisch der Führer dieser Gruppe. Es ist eine Erfahrung, mit der Sie nicht vertraut sind. Sie werden auch von der Gruppe eine Reaktion erhalten, z.B. in Form von zustimmendem Gelächter oder Applaus, oder unaufmerksamem Räuspern oder Flüstern. Ganz gleich, ob die Reaktion positiv oder negativ ist, Sie müssen weitermachen; Sie müssen sagen, was Sie vorhatten, zu sagen; und solange Sie weitersprechen, erwartet man von Ihnen, daß Sie sich so verhalten, als ob Sie sicher wären und alles unter Kontrolle hätten.

Lassen Sie uns einen Blick auf die verschiedenen Regeln

werfen, die für Sprecher und Zuhörerschaft gelten:

• Der Sprecher	• Die Zuhörer
• Der Sprecher muß etwas zu sagen haben.	• Die Zuhörer haben nichts zu tun, außer zu sitzen und in die Richtung des Sprechers zu sehen
• Der Sprecher steht allein auf seinem Posten.	• Die Zuhörer sitzen in einem Haufen zusammen, wie Erbsen im Topf.
• Der Sprecher hat keine andere Wahl, als seinen Vortrag fortzuführen.	• Die Zuhörer können zuhören oder auch nicht. Sie können sich an ihren Nachbarn wenden und einen Kommentar abgeben, aufstehen und gehen, Zeitung lesen, an die Decke schauen, die Fliege auf dem Lampenschirm beobachten, für einen Moment die Augen schließen, ein Nickerchen machen, Langeweile oder mangelndes Interesse zeigen oder ein Buch herausholen und vor Ihren Augen beginnen zu lesen.

Ganz offensichtlich ist es wesentlich einfacher, ein Mitglied der Zuhörerschaft zu sein. Außerdem sind wir darauf auch wesentlich besser trainiert. Mindestens die ersten zwanzig Jahre unseres Lebens haben wir als Lernende und Nehmende, als Mitglieder einer Zuhörerschaft verbracht. Aber dann kommt ein Punkt, an dem wir, wenn wir im Leben erfolgreich sein wollen, uns herumdrehen müssen und Lehrer, Gebende und Führer werden müssen. Das kann durchaus in vertrauter Umgebung stattfinden – in unserer eigenen Familie, unter den Kollegen in der Arbeit, in Situationen, die Geben und Nehmen wie im Gespräch einschließen. Aber wenn wir uns von der Gruppe trennen sollen, um allein vorn zu stehen und vorzutragen, dann beginnen viele von uns, schreckliche Angst zu entwickeln und die Streßsymptome zu zeigen, die früher in diesem Kapitel genannt wurden. Wie Rollo May in seinem Buch Man's Search for Himself (Die Suche des Menschen nach sich selbst) feststellt: »Angst ist etwas, das uns tief im Inneren trifft; sie ist das Gefühl, das wir empfinden, wenn unsere Existenz als Individuum bedroht ist.« Wenn Sie zu denen gehören, die beim Gedanken an eine öffentliche Rede Herzklopfen bekommen, dann gibt es dafür einen guten Grund: Sie haben nie gelernt, mit den Anforderungen, die die Rolle des Vortragenden stellt, fertig zu werden, die Wende von sozialem Verhalten zu führendem Verhalten als Vortragender zu vollziehen.

Bei 65% unserer Studenten und Klienten kommt zu der Tatsache, daß sie nicht genügend Erfahrung in der Rolle des Vortragens haben, noch hinzu, daß sie einmal oder sogar öfter beim Sprechen vor Publikum demütigende Erfahrungen gemacht haben. Versagen aber verstärkt nur noch die Angst vor dem Vortragen.

Jemand, der Angst vor dem Sprechen in der Öffentlichkeit hat, wird versuchen, entsprechende Situationen zu vermeiden. Gelegenheiten, auch nur beim kleinsten Treffen mit ein paar Leuten einige Worte zu sagen, läßt er verstreichen und verschenkt damit die Möglichkeit, in kleinen Schritten etwas zu lernen. Eine Vermeidungshaltung führt nur zu noch weiterem Vermeidungsverhalten, und was zunächst nur fehlendes Selbstvertrauen und Redefertigkeit war, wird nun zu einer tatsächlichen Phobie. Eine sowieso schon schlechte Situation wird noch schlechter.

Wie Frl. C., die junge Illustratorin, mögen vielleicht auch Sie sich sagen, daß es besser ist, nichts zu sagen; um dann festzustellen, daß Sie für eine gute Idee, die nur im Kopf ist, keine Anerkennung bekommen können. Vielleicht geht es Ihnen aber auch wie Bill T., den Verkaufsmanager, und Sie machen »totalen Mist«, wenn Sie zu einer Gruppe sprechen sollen. Die physischen Streßsymptome werden stärker. Ein Teufelskreis beginnt. Aus Angst vor dem Vortrag gelingt es Ihnen nicht gut, und, in dem Bewußtsein, daß Sie versagen, empfinden Sie beim nächsten Mal noch mehr Entsetzen. Sie lassen die Gelegenheit, Ihr eigenes Vortragsverhalten genügend zu entwickeln, einfach verstreichen. Aber mit dem richtigen Trainingsprogramm kann dieser Teufelskreis durchbrochen werden.

Die notwendigen Fertigkeiten

Das Sprechen in der Öffentlichkeit ist eine Tätigkeit, die geistige und physische Vortragsfertigkeiten verlangt, die sich von Ihren Fertigkeiten im Alltagsgespräch unterscheiden.

Fähigkeiten wie Konzentration, Koordination und Reaktionsschnelle, auf geistiger wie auf körperlicher Ebene, sind für den Redner so wichtig wie für einen Tennis- oder Golfspieler. Das erste Mal auf dem Tennisplatz fuchteln Sie auch nur mit dem Schläger in der Luft herum oder schlagen den Ball ins Netz. Aber Sie wollen Tennis spielen, also machen Sie weiter und lernen. Vor Publikum gut zu sprechen bedeutet ebenfalls systematisches Training und Übung.

In einigen Büchern wird die Lehrmeinung vertreten, daß Sie ein guter Redner sein können, wenn Sie nur genug auf sich selbst vertrauen, wenn Sie sich vor der Rede nur innerlich genügend aufbauen. Diese Theorie suggeriert, daß Selbstvertrauen und psychisches Gleichgewicht durch Willensstärke zu steuern seien. Tatsächlich aber sind sie – und dies gilt für jeden Bereich des Lebens – das Ergebnis ausreichend entwickelter Fertigkeiten, die dazu befähigen, eine Aufgabe erfolgreich auszuführen.

Sie werden z.B. niemanden finden, der seine Psyche so mit Willensstärke beeinflussen kann, daß er in starkem Stadtverkehr ein Auto fahren kann, wenn er nie zuvor hinter dem Steuer gesessen hat. Er muß langsam und vorsichtig beginnen, zuerst einmal in einem verkehrsarmen Gebiet um den Häuserblock herumfahren. Andernfalls, auch wenn er sich noch so sehr bemüht, ist die Wahrscheinlichkeit, daß er die Kontrolle verliert und einen Unfall baut, sehr groß.

Genauso werden Sie, so sehr Sie auch versuchen möchten, sich selbst davon zu überzeugen, daß Sie auch ohne Training vor Publikum gut sprechen können, sobald Sie dies versuchen, feststellen müssen, daß Ihre Kehle trokken ist, daß Ihr Puls sehr schnell schlägt und daß Ihr Gedächtnis Sie verläßt. Fast zwangsläufig »kommen Sie von der Straße ab«.

Vortragen vor Publikum verlangt bestimmte Fertigkeiten, und die Entwicklung dieser Fähigkeiten verlangt systematisches Training.

Das Programm, das ich Ihnen auf den folgenden Seiten vorstelle, soll Ihnen dabei helfen, diese Fertigkeiten Schritt für Schritt in der privaten Atmosphäre zu Hause zu entwickeln. Es stützt sich dabei auf eine Reihe von Übungsaufgaben, in denen der ganze Redeprozeß durchgespielt wird, von den Augenblicken der Nervosität, bevor Sie zu sprechen beginnen, bis zu dem Moment, da Sie an Ihren Platz zurückkehren. Sie werden lernen, wie man solche physischen Nervositätssymptome unter Kontrolle bringt und wie man die dem zugrundeliegenden biologischen Impulse, die solche Symptome verursachen, positiv nutzen kann. Ein erhöhter Pulsschlag kann ein Anzeichen von Angst sein, aber wenn man Kontrolle darüber hat, kann er auch nützlich sein und Ihrer Rede den nötigen Nachdruck geben. Eine Rede zu halten ist eine streßgeladene Situation, ähnlich wie ein Tennismatch, und der Körper reagiert automatisch auf diese angespannte Situation.

Wenn Sie einmal verstanden haben, was mit Ihrem Körper geschieht und warum, dann werden Sie auch bald verstehen, daß die Symptome, die Sie erst beängstigend und verwirrend fanden, gesteuert und nutzbar gemacht werden können.

Folgende »Rede-Fertigkeiten« können durch das Talk Power-System erworben werden:

Aufmerksamkeit
Sie lernen, negative Gedanken oder negative Reaktionen aus dem Publikum abzuwehren.

Konzentration
Denkfähigkeit, Erinnerung und Vorstellungsvermögen bleiben unter Ihrer Kontrolle.

Koordination
Es gelingt Ihnen, sich locker zu bewegen und eine ausdrucksvolle Gestik zu benutzen.

Selbstkontrolle
Sie lernen, ungewollte Bewegungen, wie z.B. übermäßiges Gestikulieren mit den Händen, von einem Fuß auf den anderen steigen und Zittern unter Ihre Kontrolle zu bringen.

Kontrolle über Ihre Gefühle
Es gelingt Ihnen, Angst und Panik zu kontrollieren und zu reduzieren.

Schnelles Reagieren
Sie sind fähig, auf Fragen, Unterbrechungen, Störungen und unvorhergesehene Ereignisse locker und angemessen zu reagieren.

Wärme
Sie sind entspannt genug, um dem Publikum Qualitäten wie Humor, Betroffenheit und Aufrichtigkeit zu vermitteln.

Charisma
Sie lernen, von sich ein Bild von Sicherheit und Glaubwürdigkeit zu vermitteln.

Selbständiges Denken
Sie lernen, sich von der Gewohnheit, stur auswendig Gelerntes zu memorieren, zu befreien und statt dessen frei und kreativ zu denken.

Körperbewußtsein
Sie werden sich Ihrer eigenen physischen Präsenz so bewußt, daß Sie auch für die Zuhörerschaft zum Mittelpunkt der Aufmerksamkeit werden.

Widerstandsfähigkeit
Es gelingt Ihnen, den Impuls, weglaufen zu wollen, zu erkennen und ihm zu widerstehen; statt dessen können Sie sich bewußt und kontrolliert selbst beruhigen.

Beherrschung der Stimme
Sie lernen, Ihre Stimmbänder entspannt zu halten, so daß Sie unbeeinträchtigt vortragen können.

Freies Denken
Sie sind in der Lage, im Kopf freie Sätze zu formulieren, aus denen Sie einen Text entwickeln. Sie lernen, eine Rede zu halten, ohne von Ihrer schriftlichen Vorlage vollkommen abhängig zu sein.

Die Rolle der Entspannung

Sie werden bemerken, daß in der Liste der zu erwerbenden Fertigkeiten das Wort Entspannung nur einmal genannt wird – in Verbindung mit der Übermittlung von Wärme – und auch hier geht es nur darum, »entspannt genug zu sein, um Qualitäten wie Humor, Betroffenheit und Aufrichtigkeit zu vermitteln«.

»Aber ist nicht Entspannung das Wichtigste von allem?« mögen Sie fragen. »Mein Problem ist, daß ich mich nicht entspannen kann. Wenn ich dies könnte, wäre alles in Ordnung.«

Tatsächlich ist es so, daß Entspannung nicht alles ist. Viele Bücher über das Reden in der Öffentlichkeit geben der Entspannung ein sehr großes Gewicht, als ob allein dies der Schlüssel zu wirkungsvollem Vortragen sei. Aber Entspannung kann die Fertigkeiten und notwendigen Voraussetzungen für gutes Sprechen nicht ersetzen. Die Fehlannahme, daß Entspannung hier der Schlüssel zum Erfolg ist, hat meist fortgesetztes Versagen zur Folge. Öffentliches Sprechen bedeutet für den Sprecher Druck, und Ratschläge wie sich zu entspannen und »hängen zu lassen« sind für ihn bedeutungslos.

Der Grund dafür ist einfach. In Situationen, in denen sich der Mensch bedroht oder unter ungewöhnlichem Druck fühlt, reagiert der Körper automatisch mit erhöhter Erregung. Die Fähigkeit zur Entspannung ist verringert. Außerdem ist der Entspannungszustand, wie wir ihn sonst kennen – in der Sonne liegen und uns um nichts kümmern –, unvereinbar mit den Anforderungen des Vortragens.

Hat man je von Chris Evert Lloyd gehört, daß ihre perfekte Rückhand das Ergebnis ihrer Fähigkeit, sich zu entspannen ist? Behauptet Michail Baryshnikov, daß seine phantastischen Sprünge das Ergebnis von Entspannung sind? Keineswegs. Training und Technik sind die notwendigen Voraussetzungen. Entspannung mag für eine Yoga-Schulung wichtig sein, aber sie ist nicht das, was Sie in einer Vortragssituation brauchen. Und schließlich, was heißt Entspannung eigentlich? Sie bezeichnet ein Fehlen von Spannung. Sprechen in der Öffentlichkeit, Vortragen vor Publikum, bedeutet immer eine gewisse Anstrengung und einen bestimmten Grad von Anspannung. Das Gehirn befindet sich in einem höheren Erregungszustand. Wenn wir nicht in der Lage sind, diese Erregung unter Kontrolle zu bringen, geraten wir in einen Streßzustand und erleben Gefühle von Angst und sogar Schmerz. Der Herzschlag beschleunigt sich. Im Blut werden Zucker und rote Blutkörperchen freigesetzt. Muskeln spannen sich an, die Pupillen erweitern sich, die Augenlider ziehen sich nach oben, sogar das Haar stellt sich auf. Sich zu entspannen und alle Spannungen abzuschütteln ist das letzte, wozu der Körper in solchen Situationen fähig ist.

Eine Kettenreaktion der Angst

Training	Stimuli	Gedanken	Gefühle	Innere Reaktion	Äußere Reaktion	Was diese Reaktion für Sie bedeutet
Der ungeübte Sprecher	Ihr Chef hat Sie gebeten, vor einer anderen Abteilung einen Vortrag zu halten.	„Oh Gott, ich werde mich blamieren."	Angst	Erhöhter Pulsschlag etc.; Gedanken, davonzulaufen.	Unfähigkeit, den Vortrag vorzubereiten; Vermeidungsstrategien.	Sie versuchen, dieser Blamage aus dem Weg zu gehen, sich vor dieser Bedrohung zu schützen.
Der geübte Sprecher	Ihr Chef hat Sie gebeten, vor einer anderen Abteilung einen Vortrag zu halten.	„Das ist meine Chance zu zeigen, was ich kann!"	Große Erregung	Erhöhung der Anspannung, die zu Taten drängt.	Sofortige Vorbereitungen; Organisation der Rede; Entwicklung eines Vorgehensplans	Sie führen Ihre Aufgabe mit den besten Ergebnissen und dem größtmöglichen Erfolg durch.

Das Gehirn

Um besser zu verstehen, was mit uns geschieht, wenn wir vortragen, ob auf dem Tennisplatz oder als Redner vor einer Zuhörerschaft, müssen wir einen Blick auf die physiologische Zusammensetzung des Gehirns werfen. Die meisten von uns stellen sich das menschliche Gehirn als eine Einheit vor. Tatsächlich jedoch ist das, was wir das Gehirn nennen, aus drei getrennten Gehirnen zusammengesetzt, von denen jedes unabhängig in verschiedenen Stadien unserer Entwicklungsgeschichte entstanden ist.

Der primitivste Teil des menschlichen Gehirns, der sich im unteren Teil befindet, ist gleichzeitig der entwicklungsgeschichtlich älteste Teil. Er reguliert Überlebensfunktionen wie das Ausweichen vor Gefahr oder die Nahrungssuche. Dieser Teil des Gehirns reguliert unsere Atmung und unseren Herzschlag und sorgt für körperliches Gleichgewicht und Muskelanspannung.

Das zweite Gehirn ist der entwicklungsgeschichtlich mittlere Teil. Es liegt rund um den ältesten Gehirnteil und entwickelte sich bei den frühesten Säugetieren vor ungefähr hundertfünfzig Millionen Jahren. Es ist das Zentrum unserer Emotionen und sexuellen Antriebe.

In der gewundenen Oberfläche des menschlichen Gehirns – nur wenige Millimeter dick – liegt das Neo-Cortex, der entwicklungsgeschichtlich jüngste Teil. Mit diesem Gehirn, Großhirnrinde genannt, denken, sprechen und überlegen wir, und führen all die vielen menschlichen Funktionen aus, die uns von allen anderen Lebewesen auf der Erde unterscheiden.

Das Gehirn hat eine rechte und eine linke Hemisphäre.

Die *linke Seite* kontrolliert:	Sprache Sprechen Logik Vernunft Analytisches Denken Schreiben Lesen
Die *rechte Seite* kontrolliert:	Erkennen von Gesichtern Rhythmusgefühl Bildliches Vorstellungs- vermögen Kreativität Gleichzeitiges Handeln Fähigkeit zur Synthese

Um vor Publikum erfolgreich sprechen zu können, müssen beide Seiten des Gehirns frei und reibungslos funktionieren. Aber da Sie sich in einer riskanten Situation befinden und sich bedroht fühlen, versucht der älteste Teil des Gehirns die Oberhand zu gewinnen, indem er Ihren Körper für das Zusammentreffen mit der Gefahr vorbereitet. Ihr Herzschlag geht schneller, Ihre Muskeln sind angespannt, Ihre Kehle ist trocken, Ihre Atmung verändert sich. Ihr Gehirn stellt Sie vor die Alternative, zu kämpfen oder zu fliehen.

Gleichzeitig scheint Ihre Großhirnrinde vollkommen zu versagen. Sprache, logisches Denken und Vernunft sind in Mitleidenschaft gezogen. »Ich kann nicht mehr klar denken«, sagen Sie. »Ich bin blockiert – ich rede unzusammenhängendes Zeug. Ich bin nicht mehr in der Lage, die einfachsten Schlußfolgerungen zu ziehen.« Der primitivste Teil des Gehirns drängt sich in den Vordergrund und sendet so starke Signale aus, daß Ihre Großhirnrinde davon überlagert wird und nicht so funktioniert, wie sie sollte. Diese Störung in Ihrem Denkprozeß ähnelt den Verdauungsstörungen, die Sie in Streßsituationen haben können. Genau wie bei Ihrem Verdauungssystem kann Streß eine Unterbrechung der Arbeit der Großhirnrinde verursachen, des denkenden Teils Ihres Gehirns.

Wie Sie Kontrolle gewinnen

Ihr Primitivgehirn muß unter Kontrolle gebracht werden. Trotzdem möchten Sie seine Signale nicht völlig unterbinden. Sie halten einen Vortrag und brauchen diesen Adrenalinstoß. Aber Sie möchten nicht, daß Ihr Großhirn vollkommen überfahren wird. Die Frage ist, wie Sie die notwendigen und wertvollen primitiven Impulse Ihres Gehirns in Gang halten können, sie aber gleichzeitig so kontrollieren, daß sie ein Gleichgewicht zu den ebenso wichtigen anderen Funktionen des Gehirns bilden.

Die Antwort ist: Sie müssen lernen, innerlich ruhig zu werden. Sie müssen den Umgang mit den instinktiven Reaktionen des untersten und primitivsten Teils des Gehirns trainieren. Sie müssen lernen, diese Überlebensreaktionen bewußt zu dämpfen, sie für Sie anstatt gegen Sie arbeiten zu lassen. Sie müssen lernen, Ihre Instinkte bis zu einem Grad zu kontrollieren, der es für Sie möglich macht, Ihr Erregungsniveau so zu beeinflussen, daß Sie in der Lage sind, frei und unbeeinträchtigt zu denken.

Die folgenden Kapitel führen die einzelnen Trainingsabschnitte aus, die Ihnen dabei helfen, Ihre Angstreaktion bei einem Vortrag unter Kontrolle zu bringen. Sie lernen die körperlichen und geistigen Prozesse kennen, die in jedem Stadium einer Rede eine Rolle spielen. Jedes Kapitel konzentriert sich auf spezielle Übungen, Verhaltenstrainingsübungen, in denen Sie systematisch und wissenschaftlich lernen, über sich selbst Kontrolle zu gewinnen. Alles, was Sie dazu brauchen, sind drei Wochen lang täglich zwanzig Minuten Übungszeit.

Das Angenehme an diesem Programm ist, daß Sie für die Durchführung der systematischen Übungen, die in diesem Buch vorgestellt werden, keine Zuhörer brauchen. Es ist sogar besser, keine Zuhörerschaft zu haben. Sogar Familienmitglieder oder enge Freunde könnten anfangen, Kritik anzubringen, ohne zu verstehen, was Sie überhaupt tun. Warten Sie, bis Sie das Gefühl haben, daß Sie die Prinzipien und Techniken des Talk Power-Systems mit einer gewissen Leichtigkeit beherrschen, bevor Sie sich nach Zuhörern umsehen.

Wenn Sie die Übungen zur Verbesserung der Konzentration, Kontrolle und Koordination wie angegeben durchführen, werden Sie feststellen, daß Ihr Gehirn und Ihr Körper in überraschend kurzer Zeit gelernt haben, die Wende von sozialem Verhalten zu dem Verhalten als Vortragender zu vollziehen. Sie sind in der Lage, sich vor eine Zuhörerschaft zu stellen, ohne in Panik zu geraten, Sie sind fähig, Erregung auf die Zuhörer zu übertragen, die Sie aus den Impulsen des Gehirns empfangen. Gleichzeitig sind Sie jedoch fähig, klar und deutlich zu sprechen und zu denken. Es ist diese ausgeglichene Kombination, die einzig die Menschen dazu befähigt, mit Hilfe einer ausdrucksvollen Sprache miteinander zu kommunizieren.

Die Talk Power-Synthese

Einer der Gründe für die Einzigartigkeit dieses Programms ist, daß es auf einer Synthese von Techniken aus drei verschiedenen Gebieten basiert.

Die theoretische Basis des Programms ist behavioristisch. Die Annahme des behavioristischen Standpunkts ist, daß man lernt, ängstlich zu sein, und daß man, wenn man diese Angstreaktionen durch systematisches Training abbaut, neue und wesentlich wünschenswertere Reaktionen statt dessen lernen kann. Genauso wie Methoden der Verhaltensänderung dazu benutzt werden können, Leuten zu helfen, die Angst vor dem Fliegen haben oder die das Rauchen aufgeben wollen, so können sie auch dazu dienen, Sie bei Ihrem Versuch, gegenüber der eigenen Sprechangst abzustumpfen, zu unterstützen. Sie können Ihnen helfen, sich von schlechten Gewohnheiten, die eine Panikreaktion nur bestärken, zu befreien. Sie werden beispielsweise lernen, zu erkennen welche körperlichen Symptome den Beginn einer Angstreaktion signalisieren und Techniken anzuwenden, die sofort einen beginnenden Kontrollverlust aufhalten.

Andere benutzte Techniken lehnen sich an die Schule von Stanislavsky an, den großen russischen Theaterdirektor, dessen Ideen die Schauspielschule in den Vereinigten Staaten inspiriert haben.

»Aber ich bin doch kein Schauspieler«, mögen Sie sagen. Das macht nichts. Sie brauchen überhaupt kein schauspielerisches Talent zu haben, um die Trainingstechniken zu benutzen, die Schauspieler anwenden, damit sie Ihnen helfen, sich zu konzentrieren und gleichmäßigen Gebrauch von all ihren Denk- und Sprechfähigkeiten zu machen.

Das Ziel ist nicht, aus Ihnen einen Schauspieler zu machen, sondern Ihnen die Fähigkeit zu geben, in der Öffentlichkeit zu sprechen, ohne in Panik zu geraten. Und gewisse Kniffe aus der Schauspielschule können von unschätzbarem Wert für die Erlangung dieses Ziels sein. Eine Technik, die von Schauspielern benutzt wird, um schwierige emotionale Wandlungen zu vollziehen, ist, diese in Schritten von Augenblick zu Augenblick durchzuführen. Mit diesem Konzept im Hintergrund wird Sie Kapitel 2 in die Present Time Übung einführen. Diese Übung führt den Sprecher durch den schwierigsten Übergang, den er zu vollziehen hat – den Übergang von einem anonymen Mitglied der Zuhörerschaft zu einem gut sichtbaren Sprecher auf einsamem Posten.

Eine andere Technik, die unter den Namen Sense Memory Übung bekannt ist, wurde zur Sense Memory Imaging Übung erweitert. Diese Übung konditioniert Ihr Gehirn und Ihren Körper schrittweise darauf, mit dem Schock einer Vortragserfahrung fertig zu werden, bereitet Sie darauf vor, schwierige Fragen aus dem Stegreif zu beantworten und bringt Ihnen bei, wie es ist, eine erfolgreiche Erfahrung zu machen, ohne dabei ein Risiko einzugehen. In jedem Kapitel finden Sie eine Liste mit Übungsanweisungen, die wichtig sind für einen flüssigen und professionell klingenden Vortrag.

Der dritte Teil dieser Synthese hat mit der Kunst, eine Rede zu schreiben, zu tun.

Einer der wichtigsten Gründe für die Angst des Sprechers ist fehlendes Know-how beim Erstellen der Rede. In diesem Buch widmen sich mehrere Kapitel dem Aufbau der Rede, wobei sie sich auf unsere einzigartige Talk Power Handlungsformel stützen. Diese Formel befähigt Sie, Schritt für Schritt eine zusammenhängende und logisch aufgebaute Rede zu schreiben. Der Nachdruck, der in dieser Formel auf das Beherrschen der Rede gelegt wird, vermittelt Ihnen ein zusätzliches Angebot von Fähigkeiten, die in anderen Büchern über öffentliches Sprechen übersehen werden.

Eine Rede muß beherrscht werden. Da sie in einen vorgegebenen Zeitrahmen passen muß, muß sie in einzelne, beherrschbare Absätze aufgeteilt werden.

Bei der Handlungsformel wird mit einem Wörtervorrat gearbeitet – Sie lernen genau, wie viele Worte benutzt werden sollten, um jedem einzelnen Abschnitt Ihrer Rede die größtmögliche Wirkung zu geben. Dieser Wörtervorrat kann für Reden jeder Länge angewendet werden, von sechs Minuten bis zu einer ganzen Stunde.

Die Vertrautheit mit der Formel gibt dem Sprecher ein unvergleichliches Gefühl von Sicherheit und Vertrauen.

Noam Chomsky, der weltberühmte Psycholinguist, behauptet, daß Menschen eine Anzahl innerer Regeln haben, die sie befähigen, die »tiefere Struktur eines Satzes« zu erkennen. Die Handlungsformel hält für uns eine Reihe äußerer Regeln bereit, die uns befähigen, die tiefere Struktur einer Rede zu erkennen.

Die Panik Klinik

Es mag sein, daß Sie sogar nachdem Sie dieses Kapitel gelesen haben, immer noch das Gefühl haben, daß Ihr Fall hoffnungslos ist, daß Sie nie in der Lage sein werden, erfolgreich vor Publikum zu sprechen. Obwohl dieses Programm entwickelt wurde, um all den Leuten zu helfen, die sich beim Sprechen in der Öffentlichkeit unsicher und ängstlich fühlen, gibt es Fälle, denen auch dieses Programm nicht gewachsen ist. Die Panik Klinik wurde eigens gegründet, um Leuten zu helfen, die eine extreme Phobie vor öffentlichem Sprechen haben.

Obwohl nahezu jeder irgendwie Angst vor dem Sprechen in der Öffentlichkeit hat, war ursprünglich vorgesehen, daß die Panik Klinik sich mit scheinbar unlösbaren Problemen tatsächlich phobisch veranlagter Leute beschäftigen sollte. All deren Geschichten haben einen gemeinsamen Grundtenor; das hoffnungslose Gefühl, daß ihre Probleme unüberwindbar sind. Die Panik Klinik wird oft als letzte Hoffnung angesehen.

Die systematischen Übungen in diesem Abschnitt dienen zur Vorbereitung ernsthaft ängstlicher Leute auf das reguläre Talk Power Programm.

Wenn Sie das Gefühl haben, daß Sie solche elementare Hilfe brauchen, schlagen Sie den Anhang 1 auf und machen die Übungen der Panik Klinik, bevor Sie mit Kapitel 2 beginnen.

Die Kontrolle über Ihre Angst

Sie sitzen auf Ihrem Stuhl und warten darauf, sprechen zu müssen.

Möglicherweise sitzen Sie inmitten der Gruppe, an die Sie sich später wenden, und Sie müssen von Ihrem Stuhl aufstehen, nach vorne vor die Gruppe laufen und sich zu ihr herumdrehen, bevor Sie zu sprechen beginnen. Oder Sie sitzen auf einem Podium, das Gesicht den Zuhörern zugewandt, und brauchen nur aufzustehen und zum Rednerpult zu gehen.

Ich nenne die Strecke, die sich zwischen Ihrem Sitzplatz und dem Rednerpult oder dem Platz, an dem Sie bei Ihrem Vortrag stehen, erstreckt, die »Startrampe«. Jeder Astronaut wird die Bedeutung der Startrampe bestätigen; jeder Pilot wird Ihnen sagen, daß der Start von entscheidender Bedeutung für den Erfolg eines Fluges ist. Wenn auf der Startrampe oder dem Rollfeld etwas schiefläuft, kann dies zur Katastrophe führen.

Und tatsächlich ist es für viele Leute, die Angst vor dem öffentlichen Sprechen haben so, daß der Verlust Ihrer Selbstkontrolle genau hier, auf der Startrampe, beginnt. Allzu leicht gerät man in Panik, solange man noch dasitzt und darauf wartet, an die Reihe zu kommen und in dem Moment, in dem man aufsteht, um seine Rede zu halten. In diesen kurzen Augenblicken, bevor Sie schließlich beginnen zu sprechen, zeigt Ihr unkonditionierter Körper die ersten Panikreaktionen auf den Streß, der von dieser Situation ausgeht. Der Pulsschlag wird schneller, die Handinnenflächen werden feucht. Möglicherweise fühlen Sie sich benommen; Ihre Knie zittern.

Wichtig ist, zu lernen, wie man diese Reaktionen dämpft, wie man die Kontrolle über sich selbst zurückgewinnt, noch während man sich auf der Startrampe befindet. Wenn Sie nervös auf Ihrem Stuhl hin- und herrutschen, dann ungeschickt über die eigenen Füße stolpern, schließlich nach vorne stürzen und zu sprechen anfangen, bevor Sie überhaupt Luft geholt haben, dann fängt die ganze Sache ziemlich schlecht an. Vielleicht müssen Sie nur zwei oder drei Minuten auf Ihrem Stuhl warten, bevor Sie aufstehen, um eine Rede von fünfzehn Minuten oder länger zu halten. Aber diese zwei oder drei Minuten auf der Abschußrampe sind von so großer Bedeutung, daß dieses ganze Kapitel Übungen gewidmet ist, die Ihnen beibringen sollen, still zu sitzen und sich zu konzentrieren – den *Drang, nach vorne zu stürmen zu beherrschen.* Wenn Sie diese Übungen machen, können Sie die notwendigen Fähigkeiten entwickeln, die Voraussetzung für eine ruhige, angenehme und passende Eröffnung der Rede sind. Sie lernen, Ihre Angstreaktion durch eine angemessenere und passende Reaktion zu ersetzen.

Das Podium

Um diese Übungen richtig durchzuführen, brauchen Sie einen ruhigen Raum, in dem Sie ungestört sind. Es ist unmöglich, sich ausreichend zu konzentrieren, wenn ständig irgendwelche Leute kommen und gehen, wenn andauernd das Telefon klingelt oder ein Radio spielt. Stellen Sie sich vor, daß Sie vor einer Gruppe von Leuten stehen und einen Vortrag halten sollen, und versuchen Sie, ähnliche Bedingungen zu schaffen wie in der Wirklichkeit.

1. Bestimmen Sie genau, wo Ihre Zuhörer sitzen sollen, indem Sie einige leere Stühle in diesem Bereich aufstellen.

2. Überlegen Sie, wo Sie sitzen werden, bevor Sie aufstehen, um Ihre Rede zu halten.Sitzen Sie selbst unter den Zuhörern oder auf einem Podium, das Gesicht den Zuhörern zugewandt? Auch wenn Sie sonst immer im Sitzen vortragen, in einer Runde, die um einen Tisch herum sitzt, sollten sie diese Übung dennoch durchführen, also auch das Aufstehen und nach vorne gehen üben. Sie lernen dabei, mit jeglicher Art von Sprechsituation fertig zu werden.

3. Stellen Sie einen Stuhl dorthin, wo Sie sitzen wollen und setzen Sie sich hin.

Sitzen

Wir alle haben unsere eigene Art, auf einem Stuhl zu sitzen, obwohl sich unsere jeweilige Sitzhaltung je nach der Situation auch ändert. Geübte Redner können in vielfältigen Variationen sitzen, so daß dies oft etwas über ihre Persönlichkeit aussagt. Für Sie aber ist es wichtig, sich so hinzusetzen, wie es unten beschrieben wird, auch wenn Ihnen dies zunächst unnatürlich erscheint. Dies ist eine Trainingsübung, die Ihnen helfen soll, Ihre Angst in den Griff zu bekommen.

Übung 1: Inneres Gleichgewicht

1. Spüren Sie das Gewicht Ihres Körpers auf dem Stuhl. Versuchen Sie, so zu sitzen, daß Ihr Körper gleichmäßig ausbalanciert ist, daß Ihr Gewicht gleichmäßig verteilt ist.

2. Sorgen Sie dafür, daß Ihre Bauchmuskeln entspannt sind.

3. Fühlen Sie, wie Ihr Körpergewicht in eine Richtung nach unten sinkt.

Wenn Sie das Gefühl haben, in einem inneren Gleichgewicht zu sein, können Sie mit der zweiten Übung beginnen.

Übung 2: Konzentration

Vortragsangst hängt direkt zusammen mit mangelnder Konzentration. Diese Übung wurde dazu entworfen, Ihnen beizubringen, wie Sie Störungen und Ablenkungen, zu denen auch die Zuhörer beitragen, ausschalten können und Ihre Aufmerksamkeit nach innen zu richten lernen. Machen Sie diese Übungen im Sitzen, ohne Ihre ausbalancierte Haltung zu verändern.

1. Schütteln Sie Ihre Hände kräftig zwanzigmal.

2. Stopp

3. Legen Sie Ihre Hände in den Schoß.

4. Konzentrieren Sie sich auf das pochende Gefühl (oder den Pulsschlag) in Ihren Fingerspitzen. Lenken Sie Ihre Aufmerksamkeit so weit als möglich auf diesen Pulsschlag.

5. Konzentrieren Sie sich zehn Sekunden lang auf Ihre Fingerspitzen. (Wenn Ihr Körper angespannt ist oder Ihr Herz noch immer sehr schnell schlägt, lassen Sie sich davon nicht beunruhigen.)

6. Halten Sie Ihre Augen leicht geöffnet, aber richten Sie sie auf nichts bestimmtes, schauen Sie einfach nur geradeaus.

Wenn es für Sie schwierig ist, diese zwei Übungen durchzuführen, dann müßten Sie mit noch einfacheren

Techniken beginnen, um mit Ihrem Körper in Berührung zu kommen.

Schlagen Sie Anhang 1 auf. Dort finden Sie die Panik Klinik. Dieser Abschnitt enthält einige sehr einfache Übungen für diejenigen, die ernsthafte Panikreaktionen zeigen.

Beachten Sie: Das Schütteln der Hände ist eine vorbereitende Übung, die nach der zweiten Trainingswoche nicht mehr nötig ist.

Stehen

Je schneller Sie reagieren, desto leichter verlieren Sie die Kontrolle.

Der Zweck der folgenden Übung ist, Sie daran zu hindern, dem Impuls, von Ihrem Stuhl aufzuspringen und auf den Platz des Redners zu stürzen, nachzugeben. Die Fähigkeit, dem zu widerstehen, kann nur durch systematisches Training erlangt werden. Sie müssen Ihren Körper darauf trainieren, ruhig zu sein. Dabei ist es nutzlos, sich selbst zu versprechen, daß man das nächste Mal nicht überstürzt reagieren will – nutzlos, weil die Ihnen angeborenen Instinkte, zu kämpfen oder zu fliehen, wie sie in Kapitel 1 beschrieben wurden, einfach zu stark und zu automatisch ablaufen. Sich innerlich zu beruhigen und überstürzte Reaktionen zurückzuhalten hilft Ihnen, gegen das Gefühl, daß Sie die Kontrolle verlieren, anzugehen und die Panik, die damit einhergeht, im Griff zu halten.

Übung 3: Ruhiges Stehen
Diese Übung sollte so bedachtsam durchgeführt werden,

daß man den Eindruck hat, bei einer Zeitlupenaufnahme zuzusehen.

1. Sie sitzen auf Ihrem Stuhl und konzentrieren sich auf Ihre Fingerspitzen.

2. Während Sie sich auf Ihre Fingerspitzen konzentrieren, beugen Sie langsam Ihren Oberkörper nach vorn.

3. Jetzt erheben Sie sich ganz langsam ein kleines Stück, wobei Ihre Knie noch gebeugt bleiben. Lassen Sie Ihre Arme seitlich herunterhängen. (Sicher, dies ist eine sehr unelegante Art, von einem Stuhl aufzustehen, aber gerade diese Umständlichkeit ist das Wichtigste. Sie hindert Sie daran, von Ihrem Stuhl aufzuspringen.)

4. Nun drücken Sie Ihre Knie ganz langsam durch, um Ihren Körper in eine gerade Position zu bringen. Lassen Sie Ihre Arme seitlich hängen und heben Sie den Kopf.

5. Achten Sie darauf, daß Ihre Bauchmuskeln entspannt sind.

6. Sie stehen jetzt vor Ihrem Stuhl. Konzentrieren Sie sich auf Ihre Fingerspitzen. Versuchen Sie, das gleichmäßig auf Ihre beiden Füße verteilte Gewicht Ihres Körpers zu fühlen.

7. Stehen Sie ruhig und richten Sie Ihre Augen unbestimmt geradeaus.

Übung 4: Bewußtes Balancieren

Bevor Sie beginnen, nach vorne zu gehen, sorgen Sie dafür, daß Ihr Körpergewicht gleichmäßig auf den rechten und linken Fuß verteilt ist. Ihr Kopf sollte eine genau gerade Position zwischen rechter und linker Schulter einnehmen.

Es genügt jedoch nicht, sich selbst in solch eine ausbalancierte Haltung zu bringen; Sie müssen dies auch fühlen, Sie müssen sich dessen voll bewußt werden. Nehmen Sie sich einen Augenblick Zeit, um Ihre eigene Balance bewußt zu empfinden.

Die Wirkung einer solchen bewußten Balance ist mehr als nur ein inneres Sich-Sammeln. Immer wieder haben Studenten und Kunden bestätigt, daß das Erreichen einer bewußten Balance den zusätzlichen Effekt hat, daß es einen beschleunigten Pulsschlag verlangsamt. Dadurch bremst es die automatische Angstreaktion, die so viele Leute in dieser Situation zeigen. Versuche haben ergeben, daß der Herzschlag oft bis zu einem Drittel oder der Hälfte verringert wird. Gleichzeitig normalisiert sich die Atmung. Dies liegt vermutlich daran, daß das Primitivhirn nicht nur die Muskelspannung und das Gleichgewicht reguliert, sondern auch den Herzschlag und die Atmung.

Die bewußte Kontrolle über das eigene Gleichgewicht scheint sich hemmend auf beschleunigten Herzschlag und unkontrolliertes Atmen auszuwirken.

Die wenigen Sekunden des Stillstehens und der Bewußtmachung der eigenen Körperbalance, bevor Sie losgehen, sind von elementarer Bedeutung. Dieser Augenblick der inneren Sammlung stärkt Ihre Selbstkontrolle und gibt Ihnen die Kraft, Ihre volle Konzentration aufrechtzuerhalten, wenn Sie losgehen.

Übung 5: Das Gehen

Die Absicht dieser Übung ist, Sie so zu trainieren, daß Sie Kontrolle und Konzentration auch dann aufrechterhalten können, wenn Sie in Bewegung sind. Je schneller Sie sich bewegen, desto mehr verlieren Sie die Kontrolle. Sie stehen vor Ihrem Stuhl, haben Ihr Gewicht gleichmäßig auf beide Füße verteilt und konzentrieren sich auf das perfekte Gleichgewicht Ihres Körpers. Jetzt:

- Machen Sie einen Schritt mit Ihrem rechten Fuß
- Machen Sie einen Schritt mit Ihrem linken Fuß
- Bleiben Sie stehen
- Konzentrieren Sie sich auf Ihre Fingerspitzen
- Machen Sie einen Schritt mit Ihrem rechten Fuß
- Machen Sie einen Schritt mit Ihrem linken Fuß
- Bleiben Sie stehen
- Konzentrieren Sie sich auf Ihre Fingerspitzen

Wiederholen Sie diesen Ablauf so oft, bis Sie vor dem Rednerpult angekommen sind oder, wenn Sie unter den Zuhörern gesessen sind, bis Sie den Punkt erreicht haben, von dem aus Sie sich an Ihr Publikum richten wollen. Wundern Sie sich nicht, wenn Sie sich dabei wie ein Roboter vorkommen. Das ist beabsichtigt. In der Langsamkeit der Vorwärtsbewegung liegt das Geheimnis der Kontrolle. Wenn Sie sich einmal darauf trainiert haben, dem Impuls zu hasten zu widerstehen, wird es Ihnen gelingen, normal zu gehen und gleichzeitig die innere Aufmerksamkeit und Konzentration zu bewahren. Außerdem werden Sie feststellen, daß Ihr Herz aufgehört hat, zu schnell zu schlagen.
Bei dieser Übung sollten Sie nicht

- hasten
- hin und her schwanken
- kichern
- Ihr Haar berühren
- Ihren Körper berühren

- Ihre Kleidung berühren
- In der Gegend herumschauen
- Ihre Hände in die Taschen stecken

Vor den Zuhörern

Wenn Sie selbst unter den Zuhörern gesessen sind, müssen Sie, nachdem Sie sich erhoben haben und nach vorne zum Platz des Redners gegangen sind, sich zu den Zuhörern herumdrehen. Drehen Sie sich langsam um. Wenn Sie auf dem Podium gesessen sind und nach vorne auf die Zuhörer zugegangen sind, stellen Sie sich ganz ruhig hin. Was tun Sie nun als nächstes, da Sie Ihre Zuhörer jetzt direkt ansehen?

Bringen Sie Ihre Kleidung in Ordnung?
Räuspern Sie sich?
Beginnen Sie sofort zu sprechen?
Nein.

Sie sind jetzt gegenüber Ihrer Zuhörerschaft in einer vollkommen neuen Position. Sie brauchen einen Augenblick, um sich dieser Position anzupassen, und auch die Zuhörer brauchen einen Augenblick, um sich an Sie zu gewöhnen, sich an Sie anzupassen. Wenn Sie Ihren Blick über die Zuhörer gleiten lassen, kann der Anblick all dieser Augen, die auf Sie gerichtet sind, eine neue Welle der Angst in Ihnen hervorrufen. Wenn Sie sofort zu sprechen beginnen, kann dies sehr leicht dazu führen, daß Sie die Kontrolle verlieren. D. h., Ihre Knie beginnen zu zittern, oder Sie haben einen Kloß im Hals. Wenn Sie überhastet nach vorne stürzen, eilen Sie Ihren Gedanken voraus, was zur Folge hat, daß Ihr Denken blockiert ist.

Erlauben Sie sich selbst eine kurze »Gewöhnungsperiode«, etwa zehn bis fünfzehn Sekunden lang. Während dieser wenigen Sekunden müssen drei Dinge geschehen:

1. Ihr Körper muß in dieser neuen Position ein angenehmes Gleichgewicht finden.

2. Ihre Muskeln müssen von der Anspannung durch die Bewegung zu einem ausgeglichenen Stillstandszustand finden.

3. Ihre Augen müssen sich an die veränderte Lichtbedingungen gewöhnen, die Ihre neue Position mit sich bringt, und an den neuen Abstand zwischen Ihnen und Ihren Zuhörern.

Sie werden fragen, wie das gehen soll, daß Sie einfach dort stehen und diese Gewöhnungsprozesse abwarten, während Ihre Zuhörer Sie ansehen und darauf warten, daß Sie zu sprechen beginnen.

Tatsächlich ist es so, daß die Zuhörer sogar einen Pausenmoment erwarten. Sie sind daran gewöhnt, daß der Pianist im Konzert einen Augenblick abwartet, bevor er zu spielen beginnt, ebenso Baseballspieler, wenn Sie zum Schlagen kommen, und sie rechnen damit, daß ein geübter Redner sich vor seinem Vortrag ebenso verhält.

Um sich sowohl emotional als auch körperlich sammeln zu können, ist es notwendig, sich genau darüber klar zu werden, wie man sich in diesen Momenten vor einer Rede fühlt. Es ist sehr wahrscheinlich, daß Sie sich physisch und emotional irgendwie unwohl fühlen. Viele Leute lassen sich durch dieses Unwohlsein ängstigen. Sie versuchen, diese Gefühle zu leugnen oder sie zu überrumpeln. Sie beginnen sofort mit ihrer Rede, stürzen sich geradezu in sie hinein. Das Problem dabei ist, daß sie vollkommen den Kontakt zu ihrem Körper verloren haben.

Die folgende Present Time Übung soll Sie dazu bringen, Ihre Gefühle wahrzunehmen und zu akzeptieren. Die wenigen Augenblicke, die nötig sind, um diese Übung durchzuführen, sorgen von allein für die so elementare Pause vor dem Sprechen.

Übung sechs: Verinnerlichung des Augenblicks
Wenn Sie diese Übung das erste Mal für sich durchgehen, sollten Sie sich die einzelnen Punkte der Liste selbst laut vorlesen und die Antwort wählen, die am besten ausdrückt, wie Sie sich fühlen. Später, wenn Sie vor einer richtigen Zuhörerschaft stehen, gehen Sie die Liste natürlich nur still im Kopf durch. (Diese Übung dauert dann kaum länger als drei Sekunden.)

Checkliste

Mein Kopf	ist benebelt ... schwer ... leicht ... klar
Meine Augen	sind verschleiert ... sind starr ... tränen ... sind ruhig
Mein Mund	ist verkrampft ... trocken ... zittert ... ist feucht
Meine Kehle	fühlt sich trocken ... rauh ... eng an
Mein Nacken	ist verspannt ... entspannt
Meine Schultern	sind verspannt ... entspannt ... schlaff ... gerade

Mein Herz	hämmert … rast … schlägt normal
Meine Brust	ist zusammengekrampft … in normaler Bewegung
Meine Arme	hängen seitlich herunter … schlenkern herum … sind schwer
Meine Hände	sind verkrampft … heiß … kalt … feucht … locker
Meine Beine	sind schwach … schwanken … sind unsicher … sind fest
Meine Knie	schlottern … sind geschlossen … sind ruhig
Meine Füße	sind gleichmäßig … ungleichmäßig belastet

Versuchen Sie, bei dieser Übung nicht in negativen Kategorien zu denken. Anstatt beispielsweise zu sagen »Meinem Kopf geht es furchtbar schlecht«, versuchen Sie herauszufinden, welche Empfindung Sie genau in Ihrem Kopf haben – »Mein Kopf ist schwer … leicht … empfindet ein Druckgefühl.« Es geht hier nicht darum, zu beurteilen, wie Sie sich fühlen, sondern einfach dieses Gefühl genau wahrzunehmen. Wenn Sie genau beobachten und erkennen, wie Sie sich fühlen, wird es leichter für Sie, Ihre Reaktionen zu kontrollieren.

Jemand, der in eine Rede hineingaloppiert, ohne vorher in sich gegangen zu sein, der die unangenehmen Vorgänge in seinem Körper zu verleugnen versucht, verursacht unweigerlich eine ernsthafte Denkblockade. Der

Grund hierfür liegt darin, daß so viel Anstrengung und Energie benötigt wird, um das, was mit dem Körper geschieht, zu unterdrücken, daß dadurch eine große Anspannung entsteht. Diese Anspannung scheint einen Einfluß auszuüben auf die Funktion der Großhirnrinde (der Teil des Gehirns, in dem Denken und Sprechen gesteuert werden), und das Ergebnis ist eine Blockade der Denk- und Redefähigkeit.

Ich habe die Present Time Übung entwickelt, damit Sie lernen, *Ihren Geist und Ihren Körper zusammenarbeiten zu lassen.* Diese Funktionseinheit schafft die inneren Voraussetzungen, um Ihre Konzentration zu vertiefen. In meinen Seminaren habe ich bei Hunderten von Leuten mit ernsthaften, durch Denkblockaden hervorgerufenen Problemen erlebt, wie sie innerhalb weniger Tage gelernt haben, flüssig zu sprechen; und dies, weil sie die in diesem Kapitel vorgestellten Übungen zum Körperbewußtsein gemacht haben.

Augenkontakt

In meinen Seminaren werden die nun vorgestellten Übungen vor anderen Teilnehmern durchgeführt. Und hier ist ein letzter Punkt, der bedacht werden muß, wenn Sie Ihren Zuhörern gegenüberstehen. Auch wenn Sie Ihre Übungen zu Hause machen und Ihre Zuhörer nur vorgestellt sind, ist die folgende Frage für Sie von Bedeutung: *Sollen Sie mit Ihren Zuhörern Augenkontakt aufnehmen, bevor Sie zu sprechen beginnen?*

Sie werden überrascht sein: Die Antwort ist nein – zumindest nicht so, wie Sie es sich vorstellen.

Wie bereits in Kapitel 1 dargestellt, bestehen bedeutende Unterschiede zwischen gesellschaftlicher Konversation und dem Sprechen vor einer Zuhörerschaft. Diese Unterschiede reichen bis zu dem sogenannten Augenkontakt.

Bei gesellschaftlicher Konversation ist es üblich (und richtig), direkt in die Augen des jeweiligen Zuhörers oder der Person, die im Wechsel mit Ihnen spricht, zu sehen. Sicher haben Sie schon einmal die unangenehme Erfahrung gemacht, mit jemandem zu sprechen, der Ihnen die ganze Zeit über die Schulter blickt, als ob er mit jemandem spräche, der hinter Ihnen steht. In gesellschaftlichen Gesprächen ist solch ein Verhalten unangebracht, denn es bricht die ungeschriebenen Gesetze von gegenseitigem Geben und Nehmen. Aber sobald Sie zu einem Publikum sprechen, gibt es kein solches Geben und Nehmen.

Sogar in Situationen, in denen der Sprecher auf Fragen von Zuhörern antwortet, muß er sich mit seinen Antworten an die Zuhörerschaft als Ganzes wenden, nicht nur an den einzelnen Fragesteller.

Versuchen Sie nicht, Blickkontakt mit einzelnen Zuhörern aufzunehmen. Bei Beginn einer Rede verursacht das hohe Erregungsniveau eine Erweiterung der Pupillen. Wenn Sie versuchen, Ihren Blick auf eine bestimmte Person oder etwas anderes in einigem Abstand zu konzentrieren, wird dies Ihren Augen eine enorme Anstrengung verursachen, die leicht den emotionalen Streß des Augenblicks noch verstärken kann. Sehen Sie besser nur *ganz unbestimmt in die Richtung der Gesichter Ihrer Zuhörer* und achten Sie darauf, daß Sie weder zu hoch über deren Köpfe blicken, noch daß Sie Ihren Blick scheinbar in den Boden bohren. Nach einiger Zeit können Sie Ihren Kopf von Zeit zu Zeit langsam nach links oder rechts drehen, also Ihren Blick wandern lassen. Halten Sie dabei Ihre Augen auf die Zuhörer gerichtet, ohne jedoch jemanden direkt anzuschauen. Sollte es vorkommen, daß Ihr Blick auf den eines Zuhörers trifft, oder Sie bemerken, daß ein Zuhörer besonderes Interesse für das zeigt, was Sie sagen, dann widmen Sie dieser Person dennoch mehr Aufmerksamkeit. Aber starren Sie sie nicht an und halten Sie Ihren Blick nicht länger als ab und zu einige Sekunden auf sie geheftet. Wenn Sie einem der Zuhörer in die Augen starren, bekommt dieser das Gefühl, daß Sie ihn nötigen wollen. *Kein Zuhörer wird das tolerieren. Er selbst entscheidet, ob er Ihnen folgt.* Sie selbst und das, was Sie zu sagen haben, sollten das Zentrum der Aufmerksamkeit sein. Wenn Sie jedoch einfach in Richtung der Gesichter Ihrer Zuhörer schauen, dabei den Kopf langsam drehen und immer wieder in verschiedene Richtungen blicken, werden die meisten Zuhörer das Gefühl haben, daß Sie sie persönlich ansprechen, auch wenn Sie ihnen kein einziges Mal direkt in die Augen geblickt haben. Sie brauchen sich also keine Gedanken über den Augenkontakt zu machen.

Und jetzt wird es Zeit, daß Sie beginnen, zu sprechen.

Wie Sie zu sprechen beginnen

Der ungeübte Redner wird zu Beginn seiner Rede mit einer Reihe von Problemen konfrontiert. Der eine spricht viel zu schnell, der andere gerät ins Stottern, und der dritte spricht in einem fast unhörbaren Flüsterton. Ich möchte es noch einmal betonen: Die Überwindung solcher Probleme ist eine Sache von Training, die nur schrittweise vollzogen werden kann.

Das beste ist, wenn Sie sich darauf trainieren wollen, eine Rede voller Selbstvertrauen und flüssig zu beginnen, mit Hilfe einer kleinen und unkomplizierten Geschichte zu üben – eine kurze, aber vollständige Geschichte mit einem Anfang, einem Mittelteil und einem Ende. Mit anderen Worten, erzählen Sie z.B. einen Witz oder berichten Sie eine humorvolle Anekdote.

»Aber ich kann keine Witze erzählen«, mögen Sie einwenden.

Selbst wenn dies der Fall sein sollte, so ist doch das Erzählen eines Witzes oder einer Anekdote die beste Methode, sich selbst für den Beginn einer Rede zu trainieren. Wenn die Zeit für Sie gekommen ist, eine richtige Rede vor Publikum zu halten, können Sie diese ja auf hundert andere Arten beginnen, wenn es Ihnen nicht liegt, einen Witz zu erzählen. Aber als Trainingsübung hat das Witze-Erzählen sich in meinen Gruppen und Seminaren als ausgesprochen wirkungsvoll erwiesen. (Machen Sie sich in diesem Punkt keine Gedanken über die schriftliche Niederlegung. Am Ende dieses Kapitels finden Sie eine Reihe Witze, die ich durch meine Studenten erfahren habe. Und wenn Sie ein guter Witze-Erzähler sind, dann tragen Sie einen eigenen vor.) Der von Ihnen ausgewählte Witz sollte nicht länger als hundertfünfzig Worte sein – ungefähr eine Minute Rededauer; jedoch auch nicht kürzer als fünfundsiebzig Worte. Er sollte eine Pointe haben. Und er sollte eine anschauliche Geschichte sein, dabei Stimmungsbeschreibungen und theoretische oder philosophische Abstraktionen vermeiden.

Die folgende Übung wird in zwei Teilen durchgeführt. Lesen Sie sich zuerst den Witz laut vor. Dann erzählen Sie ihn nach und versuchen, nicht auf die Vorlage zu sehen. Suchen Sie sich einen Witz aus dem Angebot am Ende des Kapitels aus oder tragen Sie einen eigenen vor. Schreiben oder tippen Sie den Witz auf eine Karte von Postkartenformat (DIN A6), möglichst unliniert. Das sollte dann aussehen wie das folgende Beispiel:

> Als junger Mann auf der Universität hatte mein Sohn einmal einen Fragebogen auszufüllen. Ein in der Nähe sitzender Freund schien mit dem Fragebogen am Ende seiner Weisheit angekommen zu sein. Als er bei der Frage »Glauben Sie an Universitätsehen?« angelangt war, zuckte er die Schultern und schrieb pflichtbewußt: »Ja, wenn sich die Universitäten wirklich lieben.«

Wenn Sie Ihren Witz vortragen, dann tun Sie dies natürlich nicht in einer sehr nüchternen Weise. Sie laden sich schon vorher dafür auf, durch das Sitzen, Stehen, die bewußte Balance, das Gehen und das innere Sammeln, wie im vorhergehenden Kapitel beschrieben wurde.

Übung sieben: Probe

1. Nehmen Sie Ihre Karte mit an Ihren Übungsplatz (den Platz, von dem aus Sie Ihren Vortrag halten wollen).

2. Setzen Sie sich auf Ihren Stuhl, richten Sie Ihre Gedanken nach innen und bringen Sie sich in eine Gleichgewichtsposition.

3. Legen Sie die Karte in Ihren Schoß und schütteln Sie kräftig Ihre Hände (zwanzigmal).

4. Konzentrieren Sie sich auf das Klopfen in Ihren Fingerspitzen.

5. Nehmen Sie Ihre Karte in die Hand.

6. Verlagern Sie langsam Ihr Gewicht auf Ihre Füße.

7. Stellen Sie sich hin und balancieren Sie Ihr Gewicht gleichmäßig auf beiden Füßen aus.

8. Schreiten Sie vorwärts – rechter Fuß, linker Fuß; stehenbleiben mit beiden Füßen. Fahren Sie so fort, und konzentrieren Sie sich dabei auf Ihre Fingerspitzen. Denken Sie dabei daran, sehr langsam zu gehen. Widerstehen Sie dem Impuls, zu rennen.

9. Wiederholen Sie diese Prozedur, bis Sie den Punkt erreicht haben, von dem aus Sie sprechen werden.

10. Wenn Sie von einem Platz in der Zuhörerschaft kommen, drehen Sie sich *langsam* in Richtung auf Ihre Zuhörer um. Lassen Sie dabei die Arme seitlich herunterhängen.

11. Richten Sie langsam und mit Bedacht Ihre Aufmerksamkeit auf die einzelnen Teile Ihres Körpers. Sprechen Sie laut:

Mein Kopf fühlt sich …
Meine Augen sind …
Mein Mund ist …
Meine Schultern …

Mein Nacken ...
Meine Brust ...
Mein Herz ...
Meine Arme ...
Mein Bauch ...
Meine Hände ...
Meine Beine ...
Meine Knie ...
Meine Füße ...

12. Lesen Sie den Witz mit normaler Stimme laut vor. Sie sollten weder flüstern noch schreien.

13. Wenn Sie mit Ihrem Witz fertig sind, überlegen Sie, an welcher Stelle Ihres Körpers Sie sich am unwohlsten fühlen und benennen Sie diesen Körperteil laut.

14. Jetzt gehen Sie langsam zurück zu Ihrem Sitzplatz und bleiben ruhig sitzen, wobei Sie zehn gleichmäßige Atemzüge machen. (Ein Atemzug besteht aus Einatmen plus Ausatmen. Atmen Sie fließend durch die Nasenlöcher ein und durch den Mund aus.) Sodann stehen Sie wieder auf und wiederholen die ganze Übung, so lange, bis zehn Minuten vorüber sind. Führen Sie im zweiten Teil dieser Übung alles wieder genauso aus, einschließlich aller Schritte, aber versuchen Sie diesmal, den Witz aus dem Gedächtnis zu erzählen, also ohne die Karte zu benutzen. *Wenn Sie auch nur geringe Schwierigkeiten haben, den Witz frei zu wiederholen, dann unterbrechen Sie sich. Warten Sie, konzentrieren Sie sich auf Ihre Fingerspitzen und zählen Sie bis fünf. Fangen Sie nicht wieder am Anfang des Witzes an. Erzählen Sie dort weiter, wo Sie abgebrochen haben.*

Sie sollten Übung sieben eine Woche lang jeden Tag wiederholen. Suchen Sie sich jeden Tag einen anderen Witz aus. Würden Sie jeden Tag denselben Witz vortragen, so wären Sie sicher bald der perfekte Erzähler dieser einen Geschichte, aber Sie würden weniger lernen. Dies ist eine Trainingsübung. Wenn Sie jeden Tag einen anderen Witz oder eine andere Anekdote erzählen, strengen Sie sich nicht nur mehr an, sondern bemerken auch wesentlich deutlicher den Fortschritt, den Sie in der Beherrschung der bisher gelernten Techniken machen. Nicht der Witz selbst ist wichtig. Was Sie lernen, ist eine Methode, sich selbst erfolgreich vor einem Publikum zu präsentieren.

Um Ihre eigenen Fortschritte verfolgen zu können, füllen Sie nach jedem Training den folgenden Fragebogen aus.

Nach einer Woche sollten Sie diese Übung zunehmend leichter finden. Die Benotung, die Sie sich selbst geben, sollte in Richtung einer ruhigeren Position gegangen sein.

Tabelle

Tag	Witz	Zeit – Start/Ende	Kommentar	Benotung (ruhig) 1 (nervös) 10
Beispiel	11	7:30/7:50	sehr schwierig	7
1				
2				
3				
4				
5				
6				
7				

Besondere Übungen

Jetzt, da Sie die Gelegenheit hatten, eine realitätsnahe Probe zu machen, möchten Sie sicher wissen, wie man mit den folgenden Punkten umgeht:

- Verlust der Kontrolle
- Vergessen der ersten Worte einer Rede
- Zu schnelles Reden
- Füllsilben
- Bewegungen der Hände
- Stehen
- Kopfbewegungen
- Atmung

Spezialübung A: Wiedergewinnung der Kontrolle
Der Redeanfänger erlebt oft an irgendeinem Punkt seiner Rede einen Verlust seiner Kontrolle. Wenn Sie feststellen, daß Sie mitten in Ihrem Witz anfangen, die Kontrolle zu verlieren, dann liegt dies vermutlich daran, daß Ihr Erregungsniveau sich zu schnell erhöht. Hier gibt es nur eine Sache zu tun. Unterbrechen Sie Ihre Rede. Machen Sie eine Pause von drei oder vier Sekunden und konzentrieren Sie sich auf Ihre Fingerspitzen.

Wichtig ist, *daß Sie diese Pause in dem Moment machen, in dem Sie merken, daß Sie anfangen, die Kontrolle zu verlieren.* Wenn Sie zu lange warten, ist Ihr Kontrollverlust schon so weit fortgeschritten, daß Sie den vollständigen Verlust Ihres Gleichgewichts riskieren und es für Sie wesentlich schwieriger sein wird, sich wieder zu fangen.

Hier ist eine Anweisung, die Ihnen schrittweise diese Technik erklärt. Nehmen wir an, daß Sie in der Mitte

Ihres Witzes oder Ihrer Anekdote sind. Ihr Herzschlag beschleunigt sich, oder Sie beginnen, hastig zu atmen.

1. Unterbrechen Sie sich am Ende dieses Satzes.

3. Zählen Sie – »Einhundert Gewinner, zweihundert Gewinner, dreihundert Gewinner, vierhundert Gewinner« – und sehen Sie dabei in die Richtung Ihrer Zuhörer.

4. Nehmen Sie Ihren Witz wieder auf. Denken Sie daran: *Machen Sie immer da weiter, wo Sie aufgehört haben.*

Spezialübung B: Erinnern der ersten Worte Ihrer Rede
Wann immer Sie zu einer Gruppe sprechen, ob Sie vor Ihr stehen oder sich an einem Konferenztisch oder in einem Klassenzimmer an sie richten, immer besteht zwischen Redner und Zuhörer eine sowohl physische als auch psychische Distanz. Die Intimität der direkten Gegenüberstellung besteht nicht mehr, denn Sie befinden sich in der Vortragshaltung.

Erinnern Sie sich daran, daß der denkende Teil Ihres Gehirns in zwei Hälften geteilt ist, die rechte und die linke Hemisphäre. Zur Funktion der rechten Hemisphäre gehören räumliche Wahrnehmung und Orientierung. Die linke Hemisphäre ist mehr für Worte, Sprache und Abstraktion zuständig.

Ich habe Hunderte von Leuten erlebt, die, als es daran ging, Ihre eröffnenden Worte zu sprechen, vollkommen »leer« waren. Meine Theorie ist, daß dieser Black out oft entsteht, weil sie versuchen, eine Linkshirnfunktion auszuführen (indem sie versuchen, sich an die richtigen Worte ihrer Rede zu erinnern), während ihre rechte Hirnhälfte noch damit beschäftigt ist, die richtige Einschätzung des neuen Raumverhältnisses zwischen ihnen und der Zuhörerschaft zu finden. Das Ergebnis ist eine Beeinträchtigung der normalen Funktion der linken Gehirnhälfte (Worterinnerung), und das scheint den Erinnerungsverlust auszulösen. Wenn Sie Schwierigkeiten haben, sich an die ersten Worte Ihrer Rede zu erinnern, ist es das beste, sich etwas bildlich vorzustellen oder vor Augen zu führen. Denn Vorstellungsvermögen ist eine Funktion der rechten Hirnhälfte. Versuchen Sie, sich die Szene, mit der Ihr Witz oder Ihre Anekdote beginnt, bildlich vorzustellen. Mit anderen Worten, versuchen Sie, den Ort, an dem Ihre Geschichte beginnt, zu sehen. Wenn Ihre Geschichte auf einem Feld oder in einem Zug spielt, dann versuchen Sie, anstatt das Wort *Feld* oder *Zug* zu denken, das Bild eines Feldes oder eines Zuges vor Ihrem inneren Auge zu sehen. Fangen Sie dann wie geplant an, zu erzählen.

Hier ist ein Beispiel dafür, wie Sie eine Geschichte so verändern können, daß Sie, anstatt mit abstrakten Worten zu beginnen, Worte benutzen, die bildlich sind. Zuerst jedoch die Geschichte mit den abstrakten Worten am Anfang.

Man sagt, daß man im Umgang mit Kindern Geduld zeigen sollte.
Ein Mann ist mit seinem Sohn unterwegs, und der Sohn benimmt sich ungezogen und macht eine Szene. Erstaunlicherweise bleibt der Vater sehr ruhig und sagt immer wieder: »Michael, nimm's leicht. Beherrsch' dich.« Schließlich nähert sich eine Frau dem bedrängten Mann und sagt: »Mein Herr, ich bin Lehrerin in einer Schule für schwer erziehbare Kinder, und ich muß sagen, daß ich Ihre Selbstbeherrschung bewundere. Sie haben da ein ganz schönes Früchtchen. Sein Name ist Michael?«

»Nein«, antwortet der Vater, »er heißt nicht Michael. Michael, das bin ich. Dies ist Johnny.«

Sehen Sie jetzt, wie man nur durch Veränderung der ersten Zeile bewirken kann, daß Sie sich viel leichter an den Anfang Ihrer Geschichte erinnern?

Ein Mann geht mit seinem Sohn im Central Park spazieren. Das Kind führt sich auf, schreit und heult und schlägt um sich und macht eine Szene. Erstaunlicherweise bleibt der Vater sehr ruhig und sagt immer wieder: »Michael, nimm's leicht. Beherrsch' dich.« Schließlich nähert sich eine Frau dem bedrängten Mann und sagt: »Mein Herr, ich bin Lehrerin in einer Schule für schwer erziehbare Kinder, und ich muß sagen, daß ich Ihre Selbstbeherrschung bewundere. Sie haben da ein ganz schönes Früchtchen. Sein Name ist Michael?« »Nein«, antwortet der Vater, »er heißt nicht Michael. Michael, das bin ich. Dies ist Johnny.«

So unglaublich das auch klingen mag, aber dadurch, daß Sie sich einfach die Szene im Central Park vorstellen, wie das Kind schreit und um sich schlägt, aktivieren Sie die Funktionen Ihrer rechten Gehirnhälfte, so daß die Worte zu Ihrer Geschichte so flüssig und leicht geflossen kommen, wie normal. Immer, wenn Sie steckenbleiben und sich an einen Satz nicht mehr erinnern können, ist es besser, sich das, was der Satz ausdrücken soll, bildlich vorzustellen, als krampfhaft nach Worten zu suchen. Es wird Ihnen wesentlich leichter fallen, sich an das, was Sie sagen wollten, zu erinnern.

Spezialübung C: Zu schnelles Reden
Abgesehen vom Verlust der Kontrolle, ist einer der unter ungeübten Rednern am meisten verbreiteten Fehler das zu schnelle Sprechen. Die Übungen im Kapitel zwei, die darauf abzielen, Sie zu langsameren, wohlüberlegten Bewegungen zu trainieren, werden mit der Zeit auch einen Einfluß auf Ihren Hang, zu schnell zu sprechen, haben. Es gibt jedoch noch eine weitere Technik, die Sie benutzen können, wenn Sie bereits begonnen haben zu sprechen und feststellen, daß Sie immer noch zu schnell sind.

Wenn Sie Ihren Witz auf die Karte schreiben, dann fügen Sie an jedes Satzende eine solche Linie an ______________.

Auf Ihrer Karte werden dann fünf, sechs oder sogar sieben solcher Linien stehen.

Wenn Sie Ihren Witz lesen, dann unterbrechen Sie sich jedes Mal, wenn Sie auf eine dieser Linien treffen, und zählen Sie leise »eine Linie, zwei Linien, drei Linien«, bevor Sie mit dem nächsten Satz weitermachen. Diese Technik bringt selbst die hastigsten Sprecher dazu, langsamer zu werden, aber wie lang braucht man dazu? Das hängt natürlich vom einzelnen ab. Man kann es schon in zwei Wochen geschafft haben. Aber da Sie ja Gewohnheiten Ihres ganzen Lebens zu durchbrechen versuchen, kann es auch viel länger dauern. Selbst wenn es Monate dauert, ist das Ergebnis die Anstrengung wert. Viele »Schnellsprecher«, die diese Technik benutzt haben, haben berichtet, daß sie auch einen Einfluß auf ihren Hang, in normalen Gesprächen zu schnell zu sprechen, hatte. Ohne überhaupt daran zu denken merkten sie, wie sie plötzlich in entscheidenden Momenten kleine Pausen machten, wobei sie das Gesamtbild ihrer einzelnen Redeabschnitte immer im Auge hatten. Sie hatten eine alte Gewohnheit abgelegt und sie durch eine neue und angemessenere ersetzt.

Spezialübung D: Vermeidung nonverbaler Füllsilben
Der ständige Gebrauch nonverbaler Füllsilben wie »äh«, »hm« usw. kann für den unerfahrenen – und manchmal sogar für den geübten – Sprecher ebenfalls ein Problem sein. Manche Leute empfinden es als extrem unangenehm, wenn während ihrer Rede auch nur eine halbe Sekunde Stille eintritt. Anstatt anzuhalten und in Ruhe zu überlegen, entwickeln solche Leute die nervöse Angewohnheit, irgendwelche nonverbalen Geräusche zu machen, um die Pause auszufüllen. Dies mag für den Sprecher angenehm sein, für die Zuhörer ist es jedoch oft sehr irritierend.

In den meisten Fällen überwinden Leute, die das Talk Power Programm mitmachen, diese Angewohnheit von selbst, ohne besondere Anstrengung. Das Ausschalten nonverbaler Füllsilben ist ein natürliches Nebenprodukt des Trainingsprogramms. Es geschieht nicht nur wegen der Konzentration auf bewußte Körperwahrnehmung und Selbstbeherrschung, die bisher vorgestellt wurden, sondern auch wegen der Formel zum Schreiben einer Rede, die in den folgenden Kapiteln beschrieben wird, und die es dem Sprecher ermöglicht, in jedem Augenblick seiner Rede genau zu wissen, an welchem Punkt seiner Rede er sich gerade befindet.

Wie auch immer, wenn Sie das Gefühl haben, daß der Gebrauch nonverbaler Füllsilben ein ernstes Problem für Sie ist, gegen das Sie angehen wollen, dann können Sie mit den folgenden Übungen, die aus dem Verhaltensänderungs-Repertoire entnommen sind, etwas dagegen tun. Die Wirkungsweise dieser Technik liegt darin, Sie so stark auf diese Gewohnheit, die Sie loswerden wollen, aufmerksam zu machen, daß Sie automatisch beginnen, Ihr Verhalten zu ändern.

Um diese Spezialübung auszuführen, brauchen Sie ein Tonbandgerät, einen Stift und ein Stück Papier.

1. Sprechen Sie einige kurze Sätze auf das Band.

2. Spielen Sie sich das Band vor. Machen Sie jedes Mal, wenn Sie sich selbst »äh« oder »hm« sagen hören, einen Strich auf das Papier.

3. Wiederholen Sie jetzt Ihre Sätze ohne das Tonbandgerät und stellen Sie sich dabei hin, als ob Sie sich an eine Zuhörerschaft richten würden. Machen Sie jedes Mal, wenn Sie sich selbst ein überflüssiges Geräusch als Pausenfüller machen hören, eine Markierung auf Ihr Papier. Zuerst werden Sie wahrscheinlich den Eindruck haben, daß Sie mehr nonverbale Füllsilben gebrauchen, als je zuvor. Aber gerade das ist es – *Sie wollen sich ja dessen bewußt werden, was Sie tun.*

4. Machen Sie jedes Mal, wenn Sie den Drang verspüren, eine nonverbale Füllsilbe zu benutzen, statt dessen einen tiefen Atemzug und blasen Sie die Luft langsam durch den Mund aus.

5. Wiederholen Sie diese Prozedur fünf Tage lang, wobei Sie zuerst das Tonbandgerät benutzen und dann Ihre Sätze zweimal ohne Tonbandgerät sprechen. Machen Sie zwischen jeder Wiederholung eine Fünf-Minuten-Pause.

6. Nach fünf Tagen wird die Anzahl Markierungen, die Sie auf Ihrem Papier anbringen, signifikant abgenommen haben. Wiederholen Sie die Übung auch noch eine zweite Woche jeden Tag. Wenn nötig, kann diese Prozedur auch

noch eine dritte Woche fortgeführt werden, aber das ist selten der Fall.

Spezialübung E: Kontrolle Ihrer Hände/Zentrierung
Genauso wie viele Leute eine Rede beginnen, indem sie viel zu schnell sprechen, ist es für den ungeübten Redner normal, bei Beginn seiner Rede seine Hände und seinen Körper zu bewegen. Dies ist im allgemeinen ein Fehler. Viele Leute, die darauf bestehen, ihre Arme zu Anfang ihrer Rede bewegen zu wollen, schlenkern mit ihnen derart herum, daß es unbeholfen und angespannt aussieht. Das wirkt auf die Zuhörer ausgesprochen ablenkend.

Versuchen Sie deshalb immer, am Anfang Ihrer Rede Ihre Hände ruhig seitlich herunterhängen zu lassen, zumindest so lange, wie Sie brauchen, um Ihren Witz oder Ihre Anekdote zu erzählen. Versuchen Sie, dies zu üben, wenn Sie Ihren Vortrag vorbereiten.

»Aber ich bin gewöhnt, meine Arme zu bewegen«, mögen Sie sagen. Tatsächlich kann es sein, daß Sie sich wesentlich besser fühlen, wenn Sie Ihre Arme bewegen und mit den Händen gestikulieren. Vielleicht fühlen Sie sich, wie es viele meiner Studenten ausdrücken, »wie ein Zombie«, wenn Sie Ihre Arme seitlich herunterhängen lassen. Aber Sie sehen nicht aus wie ein Zombie, wenn Sie dies tun. Sie sehen ruhig und gesammelt aus. Wenn Sie dennoch Ihre Hände sehr früh bewegen, ungeachtet dessen, wie angenehm Sie sich fühlen, sehen Sie unbeholfen aus.

»Aber soll ich mich nicht wohl fühlen?« mögen Sie fragen. »Geht es nicht die ganze Zeit darum?«

Nein, es geht nicht darum, ganz und gar nicht. Wichtig ist, den Zuhörern den Eindruck zu vermitteln, daß Sie sich wohlfühlen, ob dies nun stimmt oder nicht. Außerdem soll es Ihnen gelingen, sich mit Gefühlen von Unwohlsein zu arrangieren, wenn Sie nur erfolgreich Ihre Aufgabe erfüllen. Wohlbefinden stellt sich ein, wenn Ihre Rede vorüber ist und Sie wissen, daß Sie es gut gemacht haben. Das befriedigende Gefühl, das Sie durch Ihren Erfolg haben, sorgt dafür, daß nach und nach Angstgefühle verschwinden.

Es geschieht oft in meinen Seminaren, daß ein Redner auf die Frage, wie er sich fühlt da vorne vor der Gruppe, sagt, daß er schwammige Knie hat und daß seine Stimme zittert. Fast jedes Mal ist dies jedoch für die Zuhörer nicht bemerkbar. Es ist sehr wichtig zu wissen, daß Sie, auch wenn Sie sich nervös und zittrig fühlen, durch die Anwendung von Körperbewußtseinstechniken, die Ihren Körper ruhig und unter Kontrolle halten, davon ausgehen können, daß Ihre Zuhörer nichts davon bemerken. Sie *wirken* ruhig und gesammelt.

Wenn Sie einen Vortrag halten, spüren Sie, daß Sie sich in einer Streßsituation befinden. Unkontrollierte Bewegungen, auch wenn Sie sich dadurch besser fühlen, schaden Ihnen auf jeden Fall. Auf die Zuhörer wirken solche Bewegungen unkontrolliert und werden von ihnen als Nervosität verstanden.

In Alltagsgesprächen mit Leuten, die wir gut kennen, bemerken wir die kleinen, unabsichtigen Bewegungen ihrer Körper kaum. Aber wenn wir jemanden zum ersten Mal treffen, achten wir wesentlich mehr darauf. »Sie wirkt nervös«, sagen wir zu uns selbst, oder »Er ist überdreht«.

In den meisten Fällen ist es so, daß die Mehrheit der Zuhörer Sie zum ersten Mal sieht, wenn Sie eine Rede halten. Jeder einzelne unter den Zuhörern wird anfangs sehr genau auf Ihr Verhalten achten. Wenn Sie in dem Moment, da Sie zu sprechen beginnen, Ihre Arme benutzen, dann sind Ihre Gesten ungewollt und sehen hektisch und unkontrolliert aus – es sei denn, Sie sind sehr gut trainiert, vielleicht ein Berufsschauspieler.

Es besteht ein Unterschied zwischen *unbeabsichtigten Bewegungen* und *ausdrucksvollen Gesten.*

Unbeabsichtigte Bewegungen sind Zuckungen, Fuchteln mit den Händen usw. und stehen nicht mit dem in Verbindung, wovon der Redner spricht. Diese Bewegungen sind einfach nur Zeichen einer unkontrollierten Nervosität.

Ausdrucksvolle Gesten sind Bewegungen der Hände, Arme, des Gesichts oder des Körpers, die das, was der Redner seinen Zuhörern sagt, unterstreichen. Ausdrucksvolle Gesten werten eine Rede auf, und die Fähigkeit, sie gekonnt als Kommunikationsmittel einzusetzen, verlangt viel Erfahrung. Anfänger sollten ihre Bewegungen so einfach wie möglich halten.

Inneres Gleichgewicht/Zentrierung

Es gibt grundlegende Naturgesetze, die uns alle in der Art unserer Bewegungen beeinflussen. Ganz egal, wie langsam Sie auf das Podium zugegangen sind, Ihr Körper war in Bewegung. Sie haben andere Muskeln benutzt als die, die Sie beim Sitzen angespannt hatten. Ihre inneren Organe haben sich beim Gehen leicht verlagert. Das Ergebnis ist, *daß Ihr Körper wieder in eine ruhige Grundstellung gebracht werden muß,* bevor Sie volle Kontrolle über seine Bewegungen haben können. Sie müssen sich an die neue Erfahrung des Stillstehens auf einem Ort gewöhnen. Wenn Sie sofort, bevor der Ausrichtungsprozeß beendet ist, zu sprechen beginnen, werden Sie außer Kontrolle geraten. Ihre Brust und Ihre Schultern werden sich anspannen, weil die Muskeln nicht die Zeit hatten, sich an die neugeschaffenen physischen Umstände anzupassen. Als Folge davon wird jede Ihrer Bewegungen wahrscheinlich ein wenig ruckartig und angespannt sein.

Wenn Sie dagegen *zu sprechen beginnen und Ihre Arme seitlich locker herunterhängen lassen,* wird der sanfte Zug der Arme bewirken, daß die Muskeln Ihrer Brust und Ihres Schultergürtels sich entspannen. Dazu sind nur etwa sechzig Sekunden nötig, ungefähr so viel Zeit, wie Sie zum Erzählen Ihres Witzes oder Ihrer humorvollen Anekdote brauchen. Erst dann sind Sie bereit, gezielt und absichtlich ausdrucksvolle Körperbewegungen oder Gesten einzusetzen, die die Nachricht oder Bedeutung, die Sie als Redner vermitteln wollen, unterstreichen, beleben oder verstärken. Noch einmal: Wenn Sie beginnen zu sprechen, lassen Sie für die Dauer Ihres Witzes die Arme seitlich herunterhängen. Lernen Sie, eine Rede zu beginnen, ohne Ihre Arme oder Hände zu benutzen.

Spezialübung F: Kopfbewegungen – Durchbrechen einer dummen Angewohnheit

Eines der Symptome für mangelnde physische Kontrolle sind ausgeprägte Bewegungen mit dem Kopf während des Vortrags. Es ist, als benutzte der Redner seinen Kopf anstelle seiner Hände, um sich auszudrücken. Das Wakkeln mit dem Kopf wirkt nicht nur ablenkend auf die Zuhörer, es stört auch das professionelle Image des Sprechers und damit seine Glaubwürdigkeit. Sollten Sie daran Zweifel haben, dann stellen Sie sich vor einen Spiegel und beobachten sich selbst, wie Sie etwas sagen und dabei mit dem Kopf nicken. Dann wiederholen Sie dasselbe und halten dabei Ihren Kopf ruhig. Selbst wenn Sie sich dabei steif und unnatürlich vorkommen, werden Sie zugeben müssen, daß Sie wesentlich überzeugender aussehen mit einem Kopf, den Sie unter Kontrolle haben.

Die bedenklichste Folge solch eines wackelnden Kopfes ist jedoch, daß, wenn Ihre Nackenmuskeln sich anspannen und Ihr Kopf sich hin- und herbewegt, Ihre Brust sich wie eine Faust zusammenkrampft. Sie hören auf, normal zu atmen und verringern dadurch die Luftmenge, die Sie einatmen. Dies verursacht eine Atemlosigkeit, die ernsthaften Einfluß auf ein optimales Vortragen hat.

Hier ist eine Übung, die ich für Studenten und Kunden entwickelt habe, die diese schlechte Angewohnheit ablegen wollen. Machen Sie diese Übung fünf Minuten lang einmal täglich, vier Wochen lang. Machen Sie am Ende dieser vier Wochen eine einwöchige Pause und fangen Sie von vorn an, wenn Sie es immer noch nicht geschafft haben. Normalerweise sollten jedoch vier Wochen reichen.

1. Stellen Sie sich mit dem Rücken an die Wand.
2. Drücken Sie Ihren Kopf vorsichtig an die Wand.
3. Konzentrieren Sie sich währenddessen auf das Gefühl in Ihrem Kopf und denken Sie daran, normal zu atmen.
4. Halten Sie eine Seite einer Zeitung vor sich hin und lesen Sie einen Artikel laut vor. Lesen Sie langsam, bewegen Sie Ihren Kopf nicht. Es geht hier darum, daß Sie sich die ganze Zeit, während Sie lesen, des Gefühls in Ihrem Kopf, der gegen die Wand drückt, bewußt sind. Vergessen Sie nicht, normal zu atmen.

Wenn Sie einen Vortrag zu halten haben, bereiten Sie

ihn auf diese Weise vor. Wenn Sie sich steif fühlen und wie ein Monster vorkommen, denken Sie daran, daß dies nur zum Training dient. Sie versuchen, eine unerwünschte Gewohnheit zu durchbrechen, indem Sie sich eine angemessenere Art, Ihren Kopf zu halten, angewöhnen.

Mit der Zeit wird diese neue Kontrolle über Sie selbst mehr und mehr ein Teil Ihres normalen Benehmens werden, und Sie werden sich nicht länger steif fühlen, sondern ruhig und angenehm.

Spezialübung G: Atemregulierung

Das Talk Power-System beginnt mit der Entwicklung von körperlicher Konzentration, Körperbewußtsein und Gleichgewichtsbewußtsein. Wenn Sie in diesen Bereichen einmal Ihre Fähigkeiten entwickelt haben, dann wird es für Sie in Sprechersituationen leichter sein, bestimmte Atemtechniken anzuwenden. Genauso, wie Sie Ihren Herzschlag dadurch beeinflussen können, daß Sie sich auf Ihr Gefühl inneren Gleichgewichts konzentrieren, können Sie auch Ihre Angst reduzieren, indem Sie lernen, Ihre Atmung zu regulieren.

Lassen Sie uns damit beginnen, zu beobachten, wie Ihr Atmungsprozeß durch das autonome Nervensystem kontrolliert wird. Vom untersten und primitivsten Teil Ihres Gehirns gesteuert, ist das *autonome Nervensystem* aus zwei Untersystemen zusammengesetzt.

Das *sympathische* Nervensystem reguliert körperliche Erregung, also auch den beschleunigten Herzschlag und die schnelle Atmung, die man unter Streß entwickelt.

Das *parasympathische* Nervensystem reguliert hemmende Funktionen und wirkt erregungsverringernd. In *Das Menschliche Nervensystem* stellt David Jensen fest: »Eine allgemeine Aktivierung des sympathischen Nervensystems bereitet das Individuum auf intensive Muskelaktivitäten vor, wie sie zur Verteidigung oder zum Angriff gebraucht werden, auf die sogenannte Flucht- oder Angriffsreaktion.«

Parasympathische Aktivität dagegen »hat hauptsächlich mit Mechanismen zu tun, die für die Aufrechterhaltung der übrigen Körperfunktionen wie z.B. Verringerung der Herzaktivität, Anregung der Verdauung, ... verantwortlich sind ...« usw.

Diese beiden Systeme arbeiten zusammen. Zu einem bestimmten Zeitpunkt ist immer das eine oder das andere im Körper dominierend. Wenn Sie aufstehen müssen, um Ihren Vortrag zu halten und dabei ängstlich werden, dann liegt dies an Ihrem sympathischen Nervensystem, das Ihren Herzschlag beschleunigt und Angstsignale aussendet.

Aber wenn es Ihnen gelingt, in Situationen, in denen Sie große Angst und Nervosität empfinden, Ihr parasympathisches System anzuregen, dann können Sie, leicht wie auf Knopfdruck, Ihre Angst verringern oder unterbinden. An diesem Punkt mögen Sie fragen: »Wie ist dies möglich, wenn diese zwei Systeme Teil eines autonomen Systems sind, das automatische Reaktionen beinhaltet, über die wir keine Kontrolle haben?«

Die Antwort ist, daß diese Systeme nicht vollkommen willensunabhängig sind. Jensen sagt dazu weiter: »Es ist jetzt klar, daß eine Reihe Prozesse, die man als willensunabhängig kennt, durch bewußte geistige Anstrengung dennoch beeinflußt werden können.« Wenn Sie also Ihre Aufmerksamkeit bewußt auf Ihr Atemverhalten richten und durch langsames Einatmen durch die Nasenlöcher und langsames Ausatmen durch den Mund Ihre Atmung so regulieren, können Sie Ihre Angst unterbinden. Der Grund dafür ist, daß durch das langsame Atmen das parasympathische System (Hemmfunktionen) dominant wird und das sympathische System (Erregung) in den Hintergrund gedrängt wird.

Die Übung zur Atemregulierung, die Ihnen beibringt, wie man durch Atmung die Angstreaktion durchbricht, ist sehr einfach. Sie fügt Ihrem Repertoire an Vortragsfertigkeiten die Fähigkeit, langsam zu atmen, hinzu.

1. Setzen Sie sich auf einen Stuhl. Zentrieren Sie sich – d. h., richten Sie Ihre Aufmerksamkeit nach innen und sorgen Sie dafür, daß Ihr Gewicht gleichmäßig ausbalanciert ist. Ihr Kopf soll eine angenehme Position zwischen linker und rechter Schulter einnehmen. Lassen Sie alle Spannung von sich abfallen und schließen Sie leicht Ihre Augen. Bleiben Sie nach innen konzentriert und werden Sie sich jetzt Ihrer Atmung bewußt.

2. Legen Sie Ihre Hände direkt unter Ihre Rippen auf den Bauch. Beim Einatmen sollte die Luft eine kleine Ausdehnung Ihres Bauches verursachen. Die Ausdehnung wird durch den Muskelstrang verursacht, der Zwerchfell heißt und nach unten drückt, um Platz für die eingeatmete Luft zu schaffen. Wenn Sie ausatmen, werden Sie bemerken, daß Ihr Bauch sich ein wenig zusammenzieht, da das Zwerchfell die Luft nach oben und aus den Lungen herausdrückt. Man nennt dies Zwerchfellatmung.

3. Wenn Ihnen dieser Rhythmus vertraut ist, beginnen Sie, sich auf Ihre Nasenspitze zu konzentrieren, und atmen langsam durch die Nasenlöcher ein. Zählen Sie dabei bis vier. Sodann atmen Sie genauso langsam durch

den Mund aus. Achten Sie darauf, daß Sie während dieser Übung nicht anspannen. Wiederholen Sie diese Atmung zehnmal. Jedesmal Ein- und Ausatmen bedeutet einen ganzen Atemzug.

4. Nachdem Sie mit geschlossenen Augen zehn vollständige Atemzüge gemacht haben, öffnen Sie allmählich Ihre Augen, wobei Ihre Aufmerksamkeit jedoch nach innen gerichtet bleibt. Blinzeln Sie nicht und schauen Sie nichts direkt an. Ihr Blick sollte unbestimmt sein, und Sie atmen langsam und gleichmäßig weiter und zählen dabei. Machen Sie noch weitere zehn Atemzüge. Das Zählen ist dabei sehr wichtig, denn dabei konzentrieren Sie sich auf sich selbst und bewahren sich Ihr zentriertes Gefühl. Es ist durchaus möglich, dies mit offenen Augen zu tun, dabei alles, was um einen herum vor sich geht, wahrzunehmen und dennoch fünfundsiebzig Prozent der Aufmerksamkeit nach innen und auf diese Beruhigungstechnik zu richten.

Diese Atemregulierungstechnik kann überall und jederzeit angewendet werden, um der eigenen Beruhigung zu dienen. Für einen Beobachter ist sie praktisch nicht erkennbar. Sie sitzen nur ruhig auf Ihrem Platz, die Hände leicht über Ihrem Bauch gefaltet und atmen langsam ein und aus. Diese Technik ist unverzichtbar für die Überwindung der *Hyperventilation*, das schnelle und oberflächliche Atmen, das in Streßsituationen mit der Angst einhergeht. Wenn Sie hyperventilieren, wird die Luft nicht bis auf Ihr Zwerchfell gedrückt; Sie spüren keine Ausdehnung und kein Zusammenziehen Ihres Bauches. Dagegen wird sich Ihre Brust beim Ein- und Ausatmen in schneller Folge heben und senken. In seinem Buch *Stop Running Scared* (Der Verlust der Angst) beschreibt Dr.

Herbert Fensterheim die Folgen der Hyperventilation: »Wenn Sie Angst entwickeln, verändert sich Ihre Atmung und wird flacher. Genau wie bei der keuchenden Atmung beim Sport wird dabei im Blut übermäßig viel Oxygen gebildet. Bei schwerer körperlicher Anstrengung verbrauchen Sie diesen Oxygenüberschuß; nicht jedoch nur durch Ihre Angst. Als Folge wird das sauer-basische Gleichgewicht im Blut verändert, und dies führt zu Veränderungen im Körper wie dem Gefühl von Benommenheit, Herzklopfen und weichen Knien. Dies wiederum verstärkt die Angst und kann selbst zu einer Quelle der Angst werden.«

Die oben beschriebenen Atmungsübungen sollen Ihnen helfen, eine mögliche Hyperventilation zu überwinden. Aber es muß betont werden, daß die Wahrscheinlichkeit des Auftretens von Hyperventilation in erster Linie weitgehend durch die Übungen zur Verbesserung der Konzentration, des Körperbewußtseins und des Gleichgewichtsgefühls verringert wird, wenn diese täglich durchgeführt werden. Atemübungen sind eine sinnvolle Ergänzung zum Basisprogramm, aber sie können die schrittweise Ausbildung der Fertigkeiten, die in diesem und in Kapitel zwei erörtert wurden, nicht ersetzen.

Beispiele für Witze und Anekdoten

Im folgenden finden Sie eine kleine Sammlung von Witzen und Anekdoten, die zur Durchführung der Übung sieben herangezogen werden können (Ihr tägliches Programm, um flüssig reden zu lernen).

Es ist früh am Morgen. Johns Mutter steht in seinem Schlafzimmer und versucht, ihn aufzuwecken. »John«, sagt sie, »John, es ist spät. Du mußt aufstehen und zur Schule gehen.« »Nein«, sagt John. »Ich will nicht zur Schule gehen.« »O.k.«, sagt seine Mutter, »ich werde mir die Gründe anhören, warum du nicht zur Schule gehen willst, wenn du dir anhörst, warum du gehen solltest.«

»Mutter«, sagt John, »ich hasse die Schule, denn die Kinder mögen mich nicht. Sie spucken nach mir und werfen mich die Treppe hinunter. Ich mag nicht hingehen.« »O.k.«, antwortet die Mutter, »jetzt werde ich dir erzählen, warum du aufstehen und zur Schule gehen solltest. John, du bist fünfunddreißig Jahre alt und Leiter dieses Gymnasiums. Steh jetzt auf oder du kommst zu spät zur Morgenbesprechung.«

Ein Mann will sich die Haare schneiden lassen und sagt zum Friseur: »Benutzen Sie auf der rechten Seite die Haarschneidemaschine und schneiden Sie nach oben hin viel weg. Auf der linken Seite benutzen Sie sie nicht – lassen Sie das Haar lang, damit es mein Ohr bedeckt. Oben in der Mitte schneiden Sie eine kahle Stelle von der Größe eines Fünfmarkstücks. Lassen Sie dort aber eine lange dünne Strähne stehen, die ich bis zur Nase herunterziehen kann.«

Daraufhin der Friseur: »Aber mein Herr, ich kann Ihr Haar nicht so schneiden!«

»Ich verstehe nicht, warum!« brüllt der Mann. »So jedenfalls haben Sie sie das letzte Mal geschnitten.«

Als ihre beiden Töchter noch sehr klein waren, gab Mrs. Dwight Morrow einmal einen Tee, bei dem als einer der

Gäste der alte J. P. Morgan erwartet wurde. Die Mädchen sollten hereinkommen, vorgestellt werden und wieder hinausgehen. Mrs. Morrows große Angst galt der Möglichkeit, daß Anne, die freimütigere der beiden, einen lauten Kommentar zu Mr. Morgans berühmter und auffälliger Nase abgeben würde. Deshalb verwandte sie vorher große Mühe darauf, Anne klarzumachen, daß persönliche Bemerkungen unhöflich seien, und warnte sie besonders davor, irgend etwas über Mr. Morgans Nase zu sagen, ganz gleich, was sie dachte.

Als es dann soweit war und die Kinder hereingebracht wurden, hielt Mrs. Morrow den Atem an, als sie sah, daß Annes Blick sich auf den überaus großen Gesichtserker des Bankiers heftete und dort verweilte. Trotzdem verlief die Vorstellung wie geplant. Die kleinen Mädchen knicksten höflich und wurden wieder hinausgeschickt. Mit einem Seufzer der Erleichterung wandte sich Mrs. Morrow wieder ihren Aufgaben als Gastgeberin zu und fragte ihren Gast: »Und jetzt Mr. Morgan, möchten Sie Milch oder Zitrone in Ihre Nase?«

Ein junger Mann, der in seinem Leben noch nie krank gewesen war, hatte gerade eine sehr ernsthafte Krankheit überstanden. Diese Erfahrung hatte ihn sehr betroffen gemacht, denn zum ersten Mal war ihm bewußt geworden, daß er sterblich war. Er sagt zum Arzt: »Ich bin bereit, alles zu tun, wenn es mir dabei hilft, lange am Leben zu bleiben. Sagen Sie mir, was muß ich tun?«

Der Arzt sagt: »Stehen Sie früh morgens auf, gehen Sie früh ins Bett, essen Sie viel Gemüse, rauchen Sie nicht, trinken Sie nicht und lassen Sie die Finger von den Frauen.«

»Wenn ich all diese Dinge tue«, fragt der junge Mann, »werde ich dann wirklich länger leben?«

»Nein«, antwortet der Arzt. »Aber es wird Ihnen viel länger vorkommen.«

Zwei Nachbarinnen sitzen beim Kaffee zusammen. Gleichzeitig bereitet die eine von ihnen das Abendessen für Ihre Gäste an diesem Abend vor.

Sie nimmt einen Lammschlegel aus dem Kühlschrank und beginnt, das Ende des Knochens abzusägen.

Ihre Nachbarin fragt sie, warum sie dies tut. Sie antwortet: »Also ... genaugenommen weiß ich es nicht. Meine Mutter hat Lammschlegel immer so zubereitet. Ich glaube, ich werde sie anrufen und fragen.«

Die Antwort der Mutter ist: »Ich weiß es wirklich auch nicht. Deine Großmutter hat es immer so gemacht. Ich werde sie anrufen und fragen.«

Die Antwort der Großmutter lautet: »Das war die einzige Lösung, die mir einfiel. Meine Töpfe waren sonst zu klein.«

Ein Patient kommt zum Arzt und sagt: »Ich habe wirklich schlimme Schmerzen im Magen.«

Daraufhin der Doktor: »Ziehen Sie sich bitte aus, damit ich Sie untersuchen kann.«

Während der Untersuchung fragt der Doktor: »Welche Farbe hat Ihr Stuhl?« »Weiß«, antwortet der Patient.

Der Doktor ist alarmiert. »Niemand hat weißen Stuhl«, sagt er zu sich selbst. »Diese Person muß wirklich krank sein. Ich muß sehr gründlich untersuchen.« Und damit beginnt er, den Patient von neuem zu untersuchen. Währenddessen sagt er plötzlich: »Weißer Stuhl, wie lang haben Sie den schon?«

Der Patient überlegt einen Augenblick. »Also, ungefähr ein Jahr jetzt. Wir haben die Küche letztes Jahr weiß gestrichen; da habe ich auch die Stühle weiß gestrichen, damit sie dazu paßten.«

Es gibt ein Kloster, in dem die Mönche an nur einem Tag des Jahres laut sprechen dürfen, und auch an diesem Tag hat nur ein Mönch die Erlaubnis, etwas zu sagen.

In einem Jahr an dem besagten Tag steht der Mönch, der an der Reihe ist, auf und sagt: »Ich hasse den Kartoffelbrei, den wir hier haben. Er ist immer klumpig.«

Nachdem er dies gesagt hat, setzt er sich hin und verfällt wieder in Schweigen. Es vergeht ein Jahr und wieder kommt der Tag des Sprechens. Ein anderer Mönch steht auf und sagt: »Ich mag den Kartoffelbrei. Ich finde ihn köstlich. Ich kann den Abend immer kaum erwarten, wenn es Kartoffelbrei gibt.«

Wieder Schweigen für ein Jahr. Der Sommer geht über in den Herbst, aus dem Winter wird Frühling. Schließlich kommt der Tag, da der dritte Mönch sprechen darf.

»Ich möchte in ein anderes Kloster überwechseln«, sagt er. »Ich kann dieses ewige Hickhack nicht ausstehen.«

Eine alte Dame hat einen Papagei, und das einzige, was dieser sagen kann ist: »Wer ist denn da?« Eines Tages, als die alte Dame beim Einkaufen ist, kommt der Klempner an ihre Haustür. Er klingelt, und der Papagei ruft: »Wer ist denn da?« »Der Klempner«, antwortet der Klempner. Wieder fragt der Papagei: »Wer ist denn da?« Der Klempner antwortet: »Es ist der Klempner, gnädige Frau. Wollen Sie mich bitte hereinlassen.« Der Papagei antwortet wieder mit dem einzigen Satz, den er kennt. Der Klempner antwortet gereizt, aber ohne etwas zu erreichen. Nach einem Dutzend Wortwechsel dieser Art ist der Klempner so erregt und verärgert, daß er einen Herzschlag bekommt und tot umfällt. Als die alte Dame nach Hause kommt und den Toten vor ihrer Tür liegen sieht, ruft sie voller Entsetzen aus: »Wer ist denn das?« »Es ist der Klempner, gnädige Frau«, antwortet der Papagei.

Ein Kunde in einem Gemüseladen sagt zu dem Verkäufer, daß er einen halben Kopf Salat kaufen will. Der Verkäufer entgegnet, daß sie Salatköpfe nicht in Hälften verkauften. Er müsse den ganzen Kopf kaufen. Der Mann besteht darauf, daß er keinen ganzen Kopf braucht. Der Verkäufer daraufhin: »O.K., ich werde den Chef fragen.« Der Verkäufer geht hinter den Laden und sagt zu seinem Chef: »Da vorn steht so ein Idiot und möchte einen halben Kopf Salat kaufen.« In diesem Moment dreht er sich um und sieht, daß der Kunde ihm gefolgt ist. Reaktionsschnell fährt er fort: »Dieser Herr dort möchte die andere Hälfte kaufen.« Der Chef antwortet: »O.K., verkauf die beiden Hälften, und wenn Du fertig bist, möchte ich Dich sprechen.«

Also geht der Verkäufer, als er mit dem Kunden fertig ist, wieder nach hinten, zu seinem Chef. Dieser sagt: »Das war sehr schnell reagiert. Ich mag das. Und ich denke, daß Du genau der bist, den ich brauche. Ich werde in Montreal einen Gemüsemarkt eröffnen und hätte gern, daß Du ihn leitest. Bist Du daran interessiert?« »In Montreal?« antwortet der Verkäufer. »Auf keinen Fall! Alles, was es in Montreal gibt, sind Huren und Hockeyteams.« »Oh tatsächlich?« sagt der Chef. »Meine Frau ist aus Montreal.« »Oh tatsächlich«, antwortet der reaktionsschnelle Verkäufer. »In welchem Team hat sie gespielt?«

Ein Patient sitzt auf dem Zahnarztstuhl.

»Großer Gott, Sie haben das größte Loch, das ich je gesehen habe!« ruft der Zahnarzt aus, als er den Patienten untersucht. »Das größte Loch, das ich je gesehen habe!«

Der Patient, in Alarmstimmung versetzt, schnauzt den Zahnarzt an: »Das hätten Sie nicht zu wiederholen brauchen!«

»Ich habe es nicht wiederholt«, antwortet der Zahnarzt. »Das war ein Echo!«

Ein Patient kommt zum ersten Mal zum Arzt.

»Und mit wem haben Sie über Ihre Krankheit gesprochen, bevor Sie zu mir gekommen sind?« fragt der Doktor.

»Nur mit dem Bader unten an der Ecke«, antwortet der Patient.

Der Arzt kann seinen Ärger über den Gedanken, daß jemand, der kein Arzt ist, medizinische Ratschläge gibt, nicht verhehlen. »Und was für einen lächerlichen Ratschlag hat Ihnen denn der Verrückte gegeben?« schnarrte er.

»Er empfahl mir, Sie aufzusuchen«, entgegnete der Patient.

Ein Mann und eine Frau sitzen in einem ruhigen Restaurant in trauter Zweisamkeit beim Essen. Als sie ihre Cocktails bestellen, hören sie plötzlich einen fürchterlichen Krach, der aus der Küche kommt. Als das Geräusch von brechendem Glas und Tellern sich gelegt hat, fragt die Frau zögernd: »Was war das für ein fürchterlicher Krach?«
»Dieser Krach, meine gnädige Dame«, antwortet der Ober ruhig, »war das Geräusch einer Stelle, die ganz plötzlich frei geworden ist.«

Mark Twain fragte einmal einen Gepäckträger am Bahnhof in Washington: »Ist diese Tasche stark genug, um im Gepäckwagen transportiert zu werden?«

Der Gepäckträger nimmt den Griff, hebt die Tasche über seinen Kopf und schleudert sie mit aller Kraft zu Boden. »Das«, sagt er, »ist, was mit ihr in Philadelphia geschieht.« Er nimmt die Tasche wieder hoch und schleudert sie vier- oder fünfmal gegen die Wand eines Waggons. »Das ist, was in Chicago mit ihr geschieht«, fährt er fort. Als nächstes wirft er sie hoch in die Luft und springt wie wild darauf herum, als sie am Boden landet. Sie springt auf und der Inhalt verteilt sich auf dem Bahnsteig. »Und das wird mit ihr in Sioux City geschehen«, sagt er. »Wenn Sie also weiter fahren, als bis Sioux City, dann nehmen Sie sie besser mit sich ins Abteil.«

Die Talk Power Handlungsformel (Der Baustein-Ansatz)

In *Anna Karenina* schrieb Leo Tolstoi: »Alle glücklichen Familien ähneln einander; jede unglückliche Familie ist auf ihre eigene Art unglücklich.« Fast dasselbe könnte von guten und schlechten Reden gesagt werden. Es gibt so viele Arten, eine Rede schlecht zu halten, wie es Sprecher gibt, aber gute Reden haben bestimmte Charakteristika gemeinsam.

Wir alle haben unseren Anteil an schlechten Reden gehört. Wir haben Reden gehört, die so lahm vorgetragen wurden, daß wir überhaupt nicht auf ihren Inhalt geachtet haben. Wir haben Reden gehört, die einfühlsam vorgetragen wurden, aber die uns praktisch eingeschläfert haben, weil der Redner endlos und scheinbar ohne Punkt und Komma vor sich hin laberte.

Manche Reden sind nur Aneinanderreihungen von Tatsachen – zu vielen Tatsachen, um von einer Zuhörerschaft aufgenommen werden zu können. Manche Reden sind so weitschweifig, daß es unmöglich zu sagen ist, wovon sie eigentlich handeln. Andere ergeben einfach keinen Sinn. Das Ende der Rede scheint in keinerlei Verbindung mit deren Anfang zu stehen.

Gute Reden dagegen, egal, wovon sie handeln und wie lang sie sind, sind sich grundsätzlich ähnlich. Eine gute Rede zeigt einen klaren und stimmigen Standpunkt, so daß wir von Anfang bis Ende wissen, *warum* sie gehalten wird. Die in der Rede enthaltenen Fakten und Informationen unterstützen diesen Standpunkt und teilen uns mit, was wir wissen müssen, ohne unsere Aufnahmekapazität zu überlasten. Eine gute Rede hält unsere Aufmerksamkeit und unser Interesse wach. Und schließlich hinterläßt eine gute Rede in uns das Gefühl, daß es wert ist, über das, was wir gehört haben, nachzudenken oder weiter darüber zu sprechen. Auch wenn wir nicht mit dem Standpunkt des Sprechers einverstanden sind, die Rede jedoch erfolgreich war, werden wir zumindest wissen, weshalb und in welchen Punkten wir nicht einverstanden sind, und wir werden den Eindruck haben, daß die vom Sprecher vorgetragenen Argumente diskussionswürdig sind.

Selbst wenn der Redner in uns das Bedürfnis geweckt hat, ihm zu widersprechen, ist es ihm gelungen, unser Engagement zu wecken; er hat unsere Aufmerksamkeit gewonnen und erreicht, daß wir über das, was er gesagt hat, nachdenken. Wenn es ihm gelungen ist, uns zu unterhalten, zu bewegen oder zu überzeugen, um so besser. Aber selbst wenn wir verärgert oder verschreckt worden sind, wir sind wenigstens *betroffen* gemacht worden.

Die letzten zwei Kapitel haben sich auf Techniken und Übungen konzentriert, die Ihnen helfen sollten, körperliches Unwohlsein und Panik zu überwinden, die so viele unerfahrene Redner befallen. Sie haben gelernt, wie Sie sich selbst beruhigen, wie Sie Ihre instinktgesteuerten Körperreaktionen unter Kontrolle bringen. Jetzt ist die Zeit für Sie gekommen, eine Rede zu halten. In den folgenden Kapiteln werden Sie Schritt für Schritt lernen, wie man eine Rede, die einen klaren und stimmigen Standpunkt vertritt, *aufbaut*, eine Rede, die Ihre Zuhörer berührt.

Die meisten Veranstaltungen oder Bücher über das Sprechen in der Öffentlichkeit betonen, daß eine Rede einen Anfang, einen Mittelteil und ein Ende haben sollte, oder, anders ausgedrückt, daß sie aus Einleitung, Hauptteil und Schluß bestehen sollte. Das ist soweit ganz in Ordnung. Aber in Wirklichkeit ist dieser Ratschlag zu vage. In der Praxis sieht es oft so aus, daß der unerfahrene Redner die ersten zwei oder drei Minuten seiner Rede vages Zeug faselt, bevor er an den eigentlichen Beginn seiner Rede gelangt. Wenn er endlich darauf stößt, ist seine Zuhörerschaft schon verwirrt und unruhig und versteht nicht, was der Redner ihr tatsächlich zu vermitteln versucht. Der Mittelteil einer Rede gerät leicht zu einem großen Durcheinander, bei dem von Punkt zu Punkt gesprungen wird, ohne Gefühle für logischen Aufbau. Das Ende ist oft abrupt, als ob der Redner plötzlich gegen eine Wand gerannt wäre.

Wie der Sprachtheoretiker Erik Lennenberg einmal anmerkte, ist ein Satz irgendwo einem Mosaik ähnlich. »Wenn Stein auf Stein zusammengesetzt worden ist, muß doch das Bild als Ganzes bereits vorher im Kopf des Künstlers bestanden haben, bevor er begann, die Steine zusammenzusetzen.« Im selben Sinn ist eine Rede die Vergrößerung eines Satzes. Eine größere Idee wird Abschnitt für Abschnitt zusammengesetzt, und doch muß das Ganze bereits bevor er die Einzelteile zusammenfügte, in des Redners Kopf existiert haben.

Selbst wenn wir das vertraute Schema Anfang, Mittelteil und Ende als Leitlinie für den Aufbau einer Rede benutzen, ist das Ergebnis doch viel zu oft ein vages und konturloses Produkt. Der Grund hierfür liegt darin, daß Anfang, Mittelteil und Schluß einfach zu allgemein für ein Konzept sind. Was gebraucht wird, ist ein detailliertes Wissen darüber, was genau an den Anfang, in den Mittelteil und an das Ende einer erfolgreichen Rede gehört. Die Talk Power-Formel wird Ihnen dies geben.

Die Talk Power-Formel

Anfang: *Einführende Worte* (1)
Themasatz (2)
Thesensatz (3)

Mittelteil: *Hintergrund* (4)
Argumentationsteil (5)
Argument A
Argument B
Argument C
Argument D
Höhepunkt (6)

Schluß: *Schluß* (7)

Wie Sie sehen, unterteilt diese Formel die Rede in sieben getrennte Abschnitte. Jeder davon hat eine besondere Funktion, die in den folgenden Kapiteln getrennt diskutiert wird. Darauf folgende Anweisungen, die zu jedem Abschnitt passen, werden Ihre Lernerfolge verstärken. Für den unerfahrenen Redner bedeutet jeder neue Vortrag eine außergewöhnliche Fahrt in fremde Gewässer. Wenn man dagegen die Formel benutzt, geht man an jeden neuen Vortrag in vertrauter Weise heran, man hat eine systematische Methode zu seinem Aufbau zur Verfügung und eine immer wieder verwendbare Technik.

Mit Hilfe der Formel wird die Struktur einer jeden

Rede, die Sie zu halten haben, einem Ausgangsmodell folgen, auch wenn jede anders sein wird. Das gibt Ihnen ein Gefühl der Sicherheit und des Vertrauens.

Sie können die Formel für einen Fünfminutenvortrag benutzen oder ein Zwei-Tage-Seminar. Wie Sie mit den einzelnen Abschnitten umgehen, wird selbstverständlich von der Zeitdauer, die Ihnen für Ihren Vortrag zur Verfügung steht, bestimmt.

In den folgenden Kapiteln behandeln wir jedes Detail eines jeden Abschnitts, so daß Sie vollkommene Einsicht darüber erlangen, wie jeder einzelne Abschnitt aufgebaut ist und wie sich die ganze Rede zusammensetzt. Besucher meiner Seminare stellen immer wieder fest, wie angenehm es ist, diesen Reden zuzuhören. Sie vermitteln einen flüssigen Eindruck, nicht nur im Vortrag, sondern, genauso wichtig, auch, was den Gegenstand der Rede betrifft. Das leichte Erregungsgefühl, das man dabei bekommt, ist ein natürliches Nebenprodukt neuer Methoden, Ihre natürlichen und spontanen Denkprozesse zum Entwickeln von Ideen anzuregen. Dazu gehört an erster Stelle Brainstorming, das detailliert in Kapitel acht erklärt wird, und an zweiter Stelle eine einzigartige Methode, Ihre Gedanken zu entwickeln und um eine zentrale These herum zu ordnen.

In herkömmlichen Seminaren, in denen übermäßig lange und langatmige Reden üblich sind, geht man gewöhnlich so vor, daß neue Gedanken durch Übergangssätze, sogenannte Brücken, miteinander verbunden werden. Meine Erfahrung ist, daß diese Theorie der Übergangssätze als geistige Zwangsjacke wirkt, sowohl für die Zuhörer als auch für den Sprecher, da sie zu stark den dynamischen inneren Rhythmus einer Rede kontrolliert.

Es ist *nicht notwendig*, Punkte durch eine sogenannte logische Brücke miteinander zu verbinden. Gedanken brauchen Raum; sie müssen von der Zuhörerschaft aufgenommen werden, in deren Bewußtsein eindringen.

Wenn Sie künstliche Übergänge schaffen, indem Sie einen Gedanken an den anderen hängen, ist das Ergebnis sehr wahrscheinlich eine langweilige Rede, nichtssagend und langatmig. *Eine kleine Pause von drei Sekunden ist alles, was Sie brauchen, um einen tatsächlichen Übergang zu schaffen*, und es sind diese *echten* Übergänge, die einer wohlkomponierten Rede die dynamische Spannung verleihen.

Wenn Sie die Handlungsformel anwenden, sind Sie in der Lage, Reden zu halten, die so logisch aufgebaut und leicht nachvollziehbar sind, daß Ihr Hang, steckenzubleiben oder wichtige Punkte zu vergessen oder die Kontrolle zu verlieren, auf ein Minimum reduziert wird. Es ist unwahrscheinlich, daß Sie in Panik geraten, denn Sie kennen Ihren Weg genau und haben Vertrauen, daß Ihre Zuhörer Ihnen auf diesem Weg folgen.

Die meisten Reden sind unklar oder undeutlich, denn sie versäumen es, einen klaren und eindeutigen Standpunkt einzunehmen. Viele sonst sehr gebildete Leute sind einfach nicht darin geübt, ihre Gedanken in eine sprachliche Mitteilung zu übersetzen. Es gelingt ihnen nicht, vom Anfang ihrer Rede an einen klaren Standpunkt einzunehmen, der sich bis zum Ende der Rede als Leitfaden durchzieht. Eine Rede ist kein Geschäfts- oder Finanzbericht; Sie können keine Fußnoten anbringen, wenn Sie zu einer Zuhörerschaft sprechen. Bedeutende Historiker, Wissenschaftler oder Philosophen veröffentlichen oft Bücher, die auf einer Reihe von Verträgen basieren, die sie gehalten haben. Sie bemerken das Wort »basieren«. Vorträge, die in Buchform veröffentlicht werden, werden fast immer vom Autor bearbeitet, bevor sie zur Veröffentlichung gelangen. Der ursprüngliche Vortrag war so konzipiert, daß er laut vorgetragen werden konnte, in dem vollen Bewußtsein, daß ein zuhörendes Publikum nicht im selben Maße wie ein Lesepublikum Informationen aufnehmen kann. Sie können so langsam lesen wie Sie wollen, aber Sie müssen einer Rede in der Geschwindigkeit folgen, die der Sprecher für sie auswählt.

Die Handlungsformel wird Ihnen zeigen, wie man eine Rede schreibt, und wie Sie sie für ein Zuhörerpublikum aufbereiten. Schritt für Schritt, Übung für Übung werden Sie entdecken, wie man eine Rede zusammensetzt, die leicht vorgetragen werden kann und die Ihre Zuhörer problemlos aufnehmen können.

Talk Power-Wortschatz

Lassen Sie uns noch einmal den Ablauf der Abschnitte der Talk Power Handlungsformel ansehen.

Die Talk Power-Formel

Anfang: *Einführende Worte* (1)
Themasatz (2)
Thesensatz (3)

Mittelteil: *Hintergrund* (4)
Argumentationsteil (5)
Argument A
Argument B
Argument C
Argument D
Höhepunkt (6)

Schluß: *Schluß* (7)

Jeder Vortrag ist normalerweise zeitlich begrenzt. Im nächsten Schritt werden Sie lernen, wie viele Minuten genau Sie für jeden Abschnitt zur Verfügung haben, wenn Sie sich an diese zeitliche Begrenzung halten. Wenn Sie einmal entschieden haben, wie viele Minuten Sie für jeden einzelnen Abschnitt aufwenden können, können Sie bestimmen, wieviel Material Sie dafür brauchen. Gehen Sie dabei folgendermaßen vor:

Jede Redeminute umfaßt ungefähr hundertfünfzig Wörter. Wenn Sie also sieben Minuten Zeit haben, um Ihren Vortrag zu halten, dann müssen Sie etwa eintausendfünfzig Wörter vorbereiten, um diesen Zeitraum auszufüllen. Das heißt, Sie müssen zur Handlungsformel zurückkehren und Ihre sieben Minuten auf Ihre Abschnitte aufteilen.

Eine gute Zeit- bzw. Worteinteilung ist folgende:

- Eine Minute für Ihren Einleitungssatz, dann Themasatz und Thesensatz/150 Wörter
- Eine Minute für die Erklärung des Hintergrunds/150 Wörter
- Vier Minuten für drei oder vier Unterpunkte oder Argumente/600 Wörter
- Noch eine Minute für den Höhepunkt und Ihre Zusammenfassung (die Schlußfolgerung)/150 Wörter

Diese Kombination von Zeitbegrenzung und Abzählen der Worte gibt Ihnen einen *Wortvorrat,* mit dem Sie arbeiten und der Ihnen hilft, Ihren Vortrag genauso präzise vorzubereiten, wie Sie dies in Ihren Geschäftsbriefen und Unterlagen gewöhnt sind.

Lassen Sie sich nicht davon abschrecken, wenn diese Idee radikal anders erscheint als Ihr normales Vorgehen.

Wenn meine Studenten und Kunden einmal gelernt haben, mit einer bestimmten Anzahl von Minuten und einem genau festgelegten Wortvorrat zu arbeiten, sind sie erstaunt über die Schönheit und Klarheit ihrer Reden. Wenn die Regeln einmal verstanden sind, ist das Schreiben einer Rede so einfach wie das Schreiben eines Briefes. Kein Gastgeber plant je ein Essen, ohne vorher genau festgelegt zu haben, wie viele Gäste eingeladen werden und wie viel von jeder Zutat für jeden Gang benötigt wird. Ihr Vortrag verlangt denselben Aufwand an Vorbereitung.

Um in einer Rede von begrenzter Dauer all die vorgesehenen Punkte unterbringen zu können, brauchen Sie einen Zeitplan. Hier ist ein Zeitplan, der für einen Siebenminutenvortrag ausgearbeitet worden ist:

Handlungsformel Wortvorrat

	Redeabschnitt	*Inhalt*	*Wörter*	*Zeit*
ANFANG	1. Einleitung	Witz, Anekdote oder anderes		
	2. Themasatz	„Heute werde ich über . . . sprechen“ (8-Wörter-Begrenzung)	150	eine Minute
	3. Thesensatz	„Ich bin der Meinung, daß . . .“ (12-Wörter-Begrenzung)		
MITTELTEIL	4. Hintergrund-information	Erklärung, warum Sie diese Rede halten	150	eine Minute
	5. Argumentations-abschnitt	Eine Reihe von Unterpunkten zum Thema Punkt A: 150 Wörter, eine Minute Punkt B: 75 Wörter, eine halbe Minute Punkt C: 75 Wörter, eine halbe Minute Punkt D: 150 Wörter, eine Minute	600	vier Minuten
	6. Höhepunkt	Der Höhepunkt Ihrer Rede: 150 Wörter, eine Minute		
ENDE	7. Schlußfolgerung	Eine kurze Zusammenfassung der wichtigsten Punkte	150	eine Minute
			Total: 1050 Wörter, 7 Minuten	

Die Handlungsformel kann zur Vorbereitung und Strukturierung einer Rede jeder Länge genutzt werden. Aber ganz gleich, wie lang diese Rede ist, die ersten drei Abschnitte – Einleitung, Themasatz und Thesensatz – sollten immer auf etwa 150 Worte beschränkt werden. Wenn Sie länger als eine Minute brauchen, um in Ihre Rede einzuführen, um Ihre Zuhörer klar und deutlich wissen zu lassen, wovon Ihre Rede handelt und wie Ihr Standpunkt aussieht, laufen Sie Gefahr, diese und auch sich selbst in Verwirrung zu bringen. Sicher, es gibt sehr kompetente Redner in der Öffentlichkeit, die wesentlich länger brauchen, um mit ihrer eigentlichen Rede zu beginnen. Diese aber können von diesem Konzept abweichen, gerade weil sie so kompetent und damit entspannt sind. Da sie die Gesetze gelernt haben, können sie es sich nun leisten, großzügig mit ihnen umzugehen. Worauf es ankommt ist: Zunächst müssen die Gesetze gelernt werden. Bevor erfolgreich Experimente ausprobiert werden können, müssen sie zu einem selbstverständlichen Teil des rednerischen Konzepts geworden sein.

Der Argumentationsabschnitt einer Rede ist es, in dem Material zugefügt werden kann, um diese länger zu machen. Der Argumentationsabschnitt selbst ist der flexibelste Teil einer Rede. Einige Punkte können womöglich in weniger als einer Minute abgehandelt werden; andere brauchen vielleicht wesentlich länger. In einem späteren Kapitel werden wir untersuchen, anhand welcher Kriterien man festlegt, wieviel Zeit ein bestimmter Punkt benötigt.

Und schließlich sollte der Schluß in Ihrer Rede, ganz gleich wie lang Sie gesprochen haben, nie eine Minute Rededauer überschreiten. Wie bereits vorher festgestellt, brechen viele unerfahrene Redner ihre Rede einfach abrupt ab, ohne eine saubere Zusammenfassung. Ohne ein richtiges Konzept verlieren sie die Orientierung und versuchen auf Umwegen an ein Ziel zu gelangen, das sie doch schon längst aus den Augen verloren haben.

Dann gibt es da noch die vielen unerfahrenen Redner – und sogar einige erfahrene –, die den gegenteiligen Fehler machen. Durch die Zusammenfassung ihrer Argumente wiederholen sie sich selbst bis ins letzte Detail, so daß die Zuhörer den Eindruck haben, daß die Rede von neuem angefangen hat.

Eine Zusammenfassung ist definiert als eine sehr *kurze* Rekapitulation. Buch- oder Filmkritiken fassen oft einen Dreihundert-Seiten-Roman oder einen Zwei-Stunden-Film in einem Satz zusammen. **Sie benötigen nicht länger als eine Minute und sollten deshalb auch nicht länger brauchen, um eine Rede gleich welcher Länge zusammenzufassen.** In den folgenden Kapiteln werde ich jeden Abschnitt der Handlungsformel Schritt für Schritt analysieren und dabei typische Beispiele benutzen. Sie lernen:

- Wie der Einleitungswitz oder die Anekdote in den Themasatz führt.
- Welche anderen Arten der Einleitung es gibt.
- Was ein Themasatz ist.
- Worin sich ein Thesensatz vom Themasatz unterscheidet.
- Die Bedeutung eines Hintergrundabschnitts, der erklärt, warum Sie die Rede halten.
- Wie Sie entscheiden können, welche Punkte die wichtigsten sind, wenn Sie Stunden damit verbracht haben, Material für eine Zehn-Minuten-Rede zu sammeln.

- Wie Sie Ihr wichtigstes Argument für den Höhepunkt der Rede erkennen.
- Was Sie aus Ihrer Zusammenfassung herauslassen sollten.

Außerdem werden viele andere Fragen ebenso beantwortet.

Der Beginn einer Rede
(Der Einleitungsabschnitt)

Bevor Sie weiterlesen, suchen Sie sich ein Thema für eine Rede aus, mit dem Sie arbeiten können, wenn wir im folgenden jeden Abschnitt der Handlungsformel diskutieren. Ein festes Thema im Kopf zu haben, wird Ihnen helfen, sich den Erklärungen und vorgestellten Übungen konkreter zu nähern.

Die Themenauswahl Ihrer Rede

Suchen Sie ein Thema heraus, das in eine der folgenden Kategorien paßt:

1. Ein Vortrag oder eine Rede, die Sie möglicherweise im Rahmen Ihres Jobs halten sollten.
2. Ein Vortrag oder eine Rede, zu der man Sie in einer Organisation oder einem Verein, dem Sie angehören, bitten könnte.
3. Ein Vortrag oder eine Rede, in der Sie die Leute bitten, einen politischen Kandidaten oder eine Interessenvertretung zu unterstützen.
4. Einen Vortrag oder eine Rede, in der Sie die Leute zur Unterstützung einer wohltätigen Veranstaltung aufrufen.
5. Eine Rede oder einen Vortrag zu etwas, was Ihnen gerade in den Sinn kommt.
6. Eine Rede über etwas, was Sie besonders gern tun.
7. Ein Vortrag oder eine Rede über Ihr Lieblingsrestaurant.

Für den ersten Vortrag oder die erste Rede empfehle ich

in meinen Seminaren gewöhnlich als Thema das Lieblingsrestaurant. Das erfordert keine Vorbereitung und ist ein hervorragendes Beispiel, um die Prinzipien des Talk Power-Systems zu lernen. Wenn Sie jedoch irgendein anderes Thema der angezeigten Kategorien bevorzugen, dann suchen Sie sich selbstverständlich das aus, das Sie am meisten anspricht.

Der nächste Schritt ist, zu überlegen, welche *Absicht* Sie damit verfolgen, wenn Sie eine Rede über den von Ihnen ausgesuchten Gegenstand halten. In anderen Worten, **was stellen Sie sich vor, daß Ihre Zuhörer tun sollen, nachdem sie Ihre Rede gehört haben?**

Wie sie in den folgenden Kapiteln sehen werden, ist es für das Halten einer erfolgreichen Rede entscheidend, herauszufinden, welches die von Ihnen verfolgte Absicht ist.

Übung acht: Ihre Absicht
Was würden Sie sich idealerweise vorstellen, daß Ihre Zuhörer nach Ihrem Vortrag oder Ihrer Rede tun sollen? (Suchen Sie sich eine der folgenden Antworten aus.)

Handlungsabsichten
- In mein Unternehmen investieren
- Mein Produkt kaufen
- Meiner Agentur den Zuschlag geben
- Meinem Unternehmen den Auftrag geben
- Entsprechend meiner Empfehlung handeln
- Meinen Bericht akzeptieren
- Eine Petition unterschreiben
- Für mein Programm oder meine Idee stimmen
- Für meine Kandidaten stimmen

- Sich einer bestimmten Bewegung anschließen durch Bildung eines Komitees
- Gegen ein bestimmtes Vorgehen protestieren
- Großzügig reagieren durch Aufwendung von Zeit oder Geld
- Angeregt sein
- Ein Gefühl der Anteilnahme entwickeln
- Etwas Neues ausprobieren
- Mich besser kennenlernen wollen
- Einen Brief schreiben
- Lernen, wie man etwas Bestimmtes macht
- Einen Gedanken verstehen
- Meine Erfahrung teilen
- Sich vereint fühlen
- Sich willkommen fühlen

Achten Sie darauf, daß Ihre Absicht immer durch ein Handlungsverb ausgedrückt wird. Ihre Fähigkeit, Ihre Absicht so zu artikulieren, wird Ihnen helfen, Ihre Nachricht voller Energie und glaubwürdig zu übermitteln. Eine Rede oder ein Vortrag ist eine wichtige Gelegenheit für Sie, Ihrer Zuhörerschaft die Art von Vertrauen und Enthusiasmus entgegenzubringen, die diese dazu bewegt, Ihren Empfehlungen zu folgen. Ihre Vorstellungen davon, was genau Sie von Ihren Zuhörern erwarten bzw. was diese tun sollen, ist für diesen Prozeß von elementarer Bedeutung. Ohne diese deutlich artikulierte Vorstellung laufen Sie Gefahr, im Vortrag Ihre Energie zu vergeuden.

Ganz gleich, wie Ihr Vortragsstil ist, ob dynamisch, extrovertiert, entspannt, verhalten, formal oder lässig, im Hinterkopf müssen Sie immer ein ganz klares Bild davon haben, was Ihrer Erwartung nach Ihre Zuhörer *tun* sollten, nachdem sie Ihre Rede gehört haben. Denken Sie nicht daran, welche Wirkung Sie auf sie haben, sondern daran, was Sie möchten, daß sie *tun* oder fühlen sollen.

Übung neun: Ihre Absicht
Nehmen Sie jetzt eine Karte von Postkartenformat zur Hand und schreiben Sie darauf die Art von Rede oder Vortrag, die Sie halten möchten und die Sie aus der Liste der Möglichkeiten ausgesucht haben. Beispielsweise haben Sie eine Rede vor einem Club oder einem Verein, dem Sie angehören, ausgesucht. Wenn dies der Fall ist, könnte die von Ihnen dabei verfolgte Absicht eine der folgenden Handlungsanweisungen sein:

- Hören Sie auf meine Empfehlung und handeln Sie so.
- Stimmen Sie für mein Programm oder meine Idee.
- Ergreifen Sie Partei für mich.
- Stimmen Sie für meine Kandidaten.
- Geben Sie Geld.
- Schließen Sie sich einer bestimmten Aktion an, indem Sie ein Komitee gründen.
- Lassen Sie sich anregen.
- Lernen Sie mich besser kennen.

Schreiben Sie auf die Karte die von Ihnen verfolgte Absicht. Dann schreiben Sie in zehn Worten oder weniger den Gegenstand auf, über den Sie sprechen möchten.

Halten Sie Ihre Karte bereit, wenn Sie den nächsten Abschnitt lesen. Lassen Sie uns sehen, wie Sie, mit Ihrem Thema und der Absicht klar im Kopf, eine Rede aufbauen, indem Sie die Handlungsformel benutzen.

Die Talk Power-Formel

Anfang:	*Einführende Worte* (1)
	Themasatz (2)
	Thesensatz (3)
Mittelteil:	*Hintergrund* (4)
	Argumentationsteil (5)
	Argument A
	Argument B
	Argument C
	Argument D
	Höhepunkt (6)
Schluß:	*Schluß* (7)

Der Einleitungsabschnitt

Der Beginn Ihrer Rede, der Einleitungsabschnitt, hat drei Teile:

1. Einen Witz oder eine Anekdote
2. Einen Themasatz
3. Einen Thesensatz

Jeder dieser drei Abschnitte verfolgt eine bestimmte Absicht.

Warum soll man ausgerechnet mit einem Witz oder einer Anekdote beginnen, mögen Sie fragen. Warum soll man nicht gleich zur Sache kommen?

Es ist so, daß anfangs, wenn Sie aufstehen, um zu sprechen, die Zuhörer Sie sehr aufmerksam mit Blicken verfolgen, sehr aufnahmefähig sind, Sie beobachten und im stillen Ihr Alter, Ihr Geschlecht, Größe, Gewicht, Kleidung, Attraktivität, und sogar Ihre Ähnlichkeit mit anderen Leuten aufmerksam registrieren. Die Mitglieder der Zuhörerschaft kommen zu einem allgemeinen Eindruck Ihrer Stimme, Ihrer Rede und Ihres Verhaltens – sie machen sich ein Bild von Ihnen.

All dies geschieht in den ersten dreißig bis sechzig Sekunden, nachdem Sie vor der Gruppe erschienen sind. Während dieses Zeitraums sind Ihre Zuhörer sehr stark mit diesem unterbewußten Prozeß beschäftigt und viel zu sehr darauf konzentriert, statt dem Inhalt Ihrer Rede, der Information, auf die Sie so viel Vorbereitung verwandt haben, volle Aufmerksamkeit entgegenzubringen. Wenn Sie also gleich zur Sache kommen, kann es sein, daß die Zuhörer dies gar nicht mitbekommen. Deshalb ist die beste Art, Ihre Rede zu beginnen, eine ganz einfache und leicht zu verstehende Geschichte oder einen Witz zu erzählen. Außerdem ist ein Witz eine hervorragende Art, eine Rede zu beginnen, denn er schafft eine lockere Atmosphäre, wie sie normalerweise mit Humor einhergeht. In einer Studie an der Texas A & M Universität, in der es darum ging, Leute dazu zu überreden, kleine Geldmengen zu stiften, ergab es sich, daß das Erzählen eines Witzes bei den Überredungsversuchen zu Spenden führte, die im Schnitt mehr als doppelt so groß waren, als wenn kein Witz erzählt wurde.

Die Art von Witz, die den wünschenswertesten Effekt erzielt, ist eine, die eine ganz konkrete Geschichte erzählt, die einer logischen Kette von Ereignissen folgt, die leicht zu verstehen sind und die *mit dem Thema zu tun hat, das in der folgenden Rede behandelt wird.*

Der Witz oder die Geschichte sollten nicht kürzer als 75 Wörter und nicht länger als 150 Wörter sein und sollten mit einer Pointe oder mit einem starken und eindeutigen Schlußsatz enden.

Ein einleuchtender Witz muß nicht so witzig sein, daß die Zuhörer sich biegen vor Lachen. Ihr Ziel ist nicht, eine Karriere als Büttenredner zu machen. Und genausowenig ist Ihre Absicht, Ihre Zuhörer zu fangen, zu erobern, zu überrumpeln oder zu hypnotisieren. Ihre Absicht ist lediglich, eine Wechselbeziehung zwischen sich und Ihrer Zuhörerschaft anzuregen, während die Zuhörer noch dabei sind, sich an Ihre Gegenwart zu gewöhnen. Eine leichte und amüsante Anekdote, die den Zuhörern nicht zu viel abverlangt, ist genau richtig und gibt Ihnen die Gelegenheit, Ihren Vortrag auf lockere und freundliche Art zu beginnen.

Andere Einleitungen

Wenn es Ihnen ganz und gar nicht angenehm ist, Ihre Rede mit einem Witz zu beginnen, oder wenn ein Witz der Situation nicht angemessen erscheint, gibt es andere Arten von Einleitungen, die Sie benutzen können. Beispielsweise könnte es sehr gut sein, daß Sie für einen Geschäftsvortrag einen anderen Ansatz bevorzugen. Geschäftsvorträge können sich von anderen Gelegenheiten des öffentlichen Sprechens auf verschiedene Weise unterscheiden. Vielleicht sprechen Sie zu einer kleinen Gruppe Leute, die sich bis zu einem bestimmten Grad gegenseitig kennen. Möglicherweise ist es nicht nötig, Ihre Zuhörer aufzulockern. Oder Sie haben den Eindruck, daß ein

Witz frivol erscheinen würde und Sie in einem schlechten Licht dastehen ließe. In solchen Situationen ist es durchaus angemessen und richtig, eine Rede mit dem *Themensatz* zu beginnen. Zum Beispiel: »Die Absicht meines Berichts ist, Ihnen den letzten Entwurf des XYZ-Plans vorzustellen.« Darauf würde sofort der *Thesensatz* folgen: »Ich glaube, daß diese Version eine große Verbesserung gegenüber anderen Entwürfen, die wir in Betracht gezogen hatten, darstellt.«

In den meisten Vortragssituationen jedoch, einschließlich der Geschäftsreden vor größeren Gruppen, sollte irgendeine Art von Einführung dem Themensatz vorausgehen. Eine einfache und wirkungsvolle Art zu beginnen ist es, eine Technik, die ich für meine Studenten und Klienten erdacht habe, zu benutzen. Ich nenne sie die Ost-West-Methode. Bei der Ost-West-Einleitung konfrontieren Sie die Zuhörer mit vier einfachen Statements oder Aussagen über *einen* Gegenstand. Hier sind einige Beispiele:

Manche fahren nur mit dem Taxi, wenn sie spät dran sind.
Manche fahren täglich mit dem Taxi.
Andere nehmen sich ein Taxi für eine bestimmte Verabredung.
Wieder andere fahren nie mit dem Taxi, denn das Ticken des Taxameters macht sie nervös.

Themensatz: Ich werde heute zu Ihnen über Taxis sprechen.

Viele Sekretärinnen müssen für ihren Chef Kaffee kochen.
Andere müssen für ihn persönliche Einkäufe erledigen.

Viele Sekretärinnen müssen die Pflanzen im Büro gießen. Ich kenne sogar eine Sekretärin, die bei einem Empfang, den ihr Chef gab, bedienen sollte.

Themensatz: Ich werde heute zu Ihnen über Sekretärinnen sprechen.

Die Preise für Blumen steigen in schwindelnde Höhen. Auf der Leopoldstraße kosten Rosen 3 DM pro Stück. In der Kaufingerstraße kosten Gardenien 30 DM das Dutzend.
Sogar am Bahnhof kostet ein Bund Margeriten 7 DM.

Themensatz: Ich möchte heute zu Ihnen über eigene Blumenzucht sprechen.

Die Ost-West-Einleitung besteht aus einer Reihe von vier grundlegenden Statements über einen Gegenstand. Sie sollte nichts erklären, verteidigen oder genauer ausführen. All das folgt später in der Rede, im Argumentationsabschnitt.

Eine Rede kann ebenfalls durch ein einfaches Statement oder eine Frage eingeleitet werden, aber diese muß stark genug sein, um die sofortige Aufmerksamkeit der Zuhörer zu gewinnen. Beispielsweise können Sie mit einem *schockierenden Statement* beginnen.

Gegen Ende des Jahres 1923 waren in Deutschland die Preise 726 Millionen Mal höher, als fünf Jahre früher, 1918.

Themensatz: Ich werde heute zu Ihnen über die Inflation sprechen.

Mehr als anderswo verletzen sich die Leute ernsthaft in ihrem eigenen Haushalt.

Themensatz: Ich werde heute zu Ihnen darüber sprechen, wie Sie Ihr Zuhause zu einem sichereren Lebensraum machen.

Eine andere Form von Ein-Satz-Einleitungen ist die *rhetorische Frage*. Diese Art von Einleitung funktioniert auf dieselbe Weise wie das schockierende Statement. Indem Sie Ihre Information als Frage, die nicht beantwortet zu werden braucht, formulieren, können sie die Aufmerksamkeit Ihrer Zuhörerschaft oft sogar noch schneller erlangen.

Wußten Sie schon, daß die Parker-Brothers jährlich etwa dieselbe Menge Geld für Monopoly-Spiele drucken wie die Notenbank der Vereinigten Staaten für den echten Gebrauch?

Themensatz: Ich werde heute über das große Geschäft mit Spielen sprechen.

Ein Zitat – von einer berühmten Persönlichkeit, aus einem Zeitungsartikel oder einem Leitartikel, oder sogar ein bekannter Satz aus einem Film oder einem Theaterstück – kann ein wirkungsvoller Anfang für eine Rede sein. Im allgemeinen sagt man, je kürzer das Zitat, desto besser. Wenn Sie ein Zitat aus einer Zeitung oder Zeitschrift bringen, vermeiden Sie komplexe Statements, die zu viele Informationen, Erklärungen oder bewertende Anmerkungen beinhalten. Wenn das Zitat zu lang, zu abstrakt oder zu kompliziert ist, sind Ihre Zuhörer verwirrt, bevor Sie überhaupt zu Ihrem Themensatz gekommen sind.

Ann Landers sagte einmal: »Das Fernsehen hat erbracht, daß die Menschen alles andere lieber sehen, als ihre Mitmenschen.«

Themensatz: Ich werde heute die Wirkung des Fernsehens auf familiäre Beziehungen erörtern.

Der ehemalige Senator Eugene McCarthy sagte einmal, »In der Politik zu sein ist, als wäre man Fußballtrainer. Man muß schlau genug sein, das Spiel zu verstehen, und dumm genug, zu glauben, es sei wichtig.«

Themensatz: Ich möchte heute zu Ihnen darüber sprechen, warum die Amerikaner so von ihrer Politik desillusioniert sind.

In einer *Newsweek*-Kolumne schrieb Jane Bryant Quinn vor kurzem: »Jeder Teenager wird Ihnen sagen, daß es klug ist, Schulden zu machen, und dumm, zu sparen. Die einzige Art, am Ball zu bleiben, ist Schulden zu haben, die dafür fälligen Zinsen abzuschreiben und später die Schulden mit billigeren Dollars zurückzuzahlen.«

Themensatz: Ich werde heute zu Ihnen darüber sprechen, wie man Jugendlichen den Wert des Geldes beibringt.

Schließlich ist manchmal auch ein Gedichtvers sinnvoll als Einleitung für eine Rede. Mit Dichtung müssen Sie jedoch vorsichtig sein. Der Vers, den Sie aussuchen, sollte nicht zu abstrakt oder schwierig in seinem Aufbau sein. Moderne Dichtung zum Beispiel liest sich oft viel leichter leise vom Blatt, als daß sie sich laut vortragen läßt.

Das beste ist, eine wohlbekannte Passage auszusuchen, von der es wahrscheinlich ist, daß ein Großteil Ihrer Zuhörerschaft sie zumindest schon einmal gehört hat. Da Dichtung oft von sehr allgemeinen Gedanken handelt, kann ein einzelnes Zitat für die Einführung in viele verschiedene Themen herangezogen werden. Wenn Sie also in Ihrer Einleitung steckengeblieben sind, können Sie leicht ein paar passende Zeilen finden, indem Sie sich eine kleine Sammlung von Gedichten zurechtlegen.

Welche Art von Einleitung Sie auch auswählen – Witz, humorvolle Anekdote, Ost-West-Methode, schockierendes Statement, rhetorische Frage oder Zitat – denken Sie daran, daß sie nicht mehr als hundertfünfzig Worte haben sollte, ganz egal, wie lang Ihre Rede sein wird.

Eine Pause nach Ihrer Einleitung

Nach den letzten Worten Ihrer Einleitung werden Sie eine kurze Pause bzw. eine kleine Unterbrechung brauchen. Diese bekommen Sie, indem Sie nicht weitersprechen und im stillen bis fünf zählen. Diese Pause erlaubt Ihnen, etwas von der Anspannung abzulegen, und stellt für Sie eine kurze Übergangsphase dar, bevor Sie mit Ihren nächsten Gedanken beginnen. Wenn Sie die Talk Power Handlungsformel anwenden, werden Sie sehen, daß nach Beendigung eines jeden Redeabschnitts eine kurze Entspannungspause vorgesehen ist. Meine Studenten haben festgestellt, daß die beste Methode, die Pause nicht zu vergessen, folgende ist: in großen Buchstaben an das Ende jedes Abschnitts RUHEPAUSE – BIS FÜNF ZÄHLEN zu schreiben.

Wenn Sie einmal Ihre Einleitung beendet haben, sollte Ihr Publikum zum Zuhören bereit sein. Dann haben Sie jedem einige Augenblicke Zeit gegeben, die er braucht, um sich auf Sie einzustellen und zur Ruhe zu kommen.

Übung zehn: Das Schreiben einer Einleitung

1. Nehmen Sie die Karte zur Hand, auf die Sie in Übung neun Ihre Redeabsicht und das Thema geschrieben haben.
2. Suchen Sie sich eine Einleitungsart, die zu dem Thema, das Sie bereits ausgewählt haben, passend erscheint.
3. Schreiben Sie den Text Ihrer Einleitung auf eine oder mehrere dieser Karten, wobei Sie jede zweite Zeile überspringen, so daß Sie den Text notfalls leicht lesen können.
4. Achten Sie darauf, die Worte RUHEPAUSE – BIS FÜNF ZÄHLEN nach dem letzten Satz zu notieren.

Nehmen Sie die Karte zur Hand. Sie werden sie bald wieder brauchen.

Jetzt sind Sie bereit, zum nächsten Kapitel überzugehen, das sich mit dem Themen- und dem Thesensatz beschäftigt. Diese Elemente werden den einführenden Teil Ihrer Rede vervollständigen.

Das Übermitteln Ihrer Nachricht (Der Themensatz und der Thesensatz)

Die Talk Power-Formel

Anfang:	*Einführende Worte* (1)
	Themensatz (2)
	Thesensatz (3)
Mittelteil:	*Hintergrund* (4)
	Argumentationsteil (5)
	Argument A
	Argument B
	Argument C
	Argument D
	Höhepunkt (6)
Schluß:	*Schluß* (7)

Der Themensatz (2)

Der Themensatz folgt immer auf die letzte Zeile Ihres Witzes. **Die Absicht des Themensatzes ist es, Sie selbst und Ihre Zuhörer ganz allgemein in die Richtung zu lenken, in die Ihre Rede weist.**

Um Ihnen eine Vorstellung davon zu geben, wie ein Themensatz auf Ihre einleitenden Worte folgt, hier ein *Beispiel*:

Ein Lastwagenfahrer wurde nach dem Essen an einer bestimmten Raststätte entlang seiner Fahrtroute befragt. »Das Essen dort ist schrecklich«, antwortet er. »Der Kartoffelbrei ist wäßrig, die grünen Bohnen schmecken nach gar nichts, das Roastbeef ist zäh, der Kuchenteig ist ledrig und fad, und der Kaffee schmeckt wie Spülwasser. Aber das Schlimmste von allem ist, daß sie so kleine Portionen servieren.«
(Pause)

Themensatz: Heute werde ich zu Ihnen darüber sprechen, wie man ein gutes Restaurant aussucht.

Der Themensatz sollte wie der Titel eines Buches sein: *kurz*. Es ist einfach nur ein Titel oder eine Überschrift, ohne Erklärungen. Wenn Sie den Themensatz so kurz wie möglich halten, wird Ihnen dies helfen, eine mögliche Tendenz, abzuschweifen oder die Kontrolle zu verlieren, zu vermeiden. Er ist einfach nur ein *Richtungspfeil* – von ähnlicher Funktion wie ein Wegweiser.

Lassen Sie uns einen Blick auf einige Beispiele für Themensätze, wie sie richtig und wie sie falsch sind, werfen.

Richtig

- Ich werde heute über den neuen Haushalt sprechen.
- Heute werde ich über den Zustand unserer U-Bahn sprechen.
- Ich werde heute einige neue Verfahrenswege in unserer Abteilung erläutern.
- Heute werde ich über unseren jährlichen Kapitalfluß sprechen.

Falsch

- Heute werde ich über ein Thema sprechen, das hier nicht sehr populär ist, wegen all der in Mr. Jones' Jahresbericht vom letztem Donnerstag dargelegten Gründe – Sie werden jetzt bereits wissen, wovon ich spreche, ich meine den neuen Haushalt.
- Heute werde ich über die unangenehmste Situation sprechen, die sich eine Stadt in ihren schlimmsten Träumen nur vorstellen kann, denn es muß einfach eine Lösung für das schreckliche Dilemma, in dem sich unsere U-Bahn befindet, gefunden werden.
- Wie Sie alle wissen, haben wir einige neue Verfahren eingeführt, von denen viele den Eindruck haben, daß sie ziemlich kompliziert und teuer sind, da sie eine beachtliche Menge von Schreibarbeit erfordern, aber ich will versuchen, sie Ihnen so zu erklären, daß Sie ohne große Probleme damit umgehen können.
- Ich werde heute zu Ihnen über unseren alljährlichen Spendenaufruf sprechen, in der Hoffnung, daß Sie mitmachen und sich bereitfinden, so großzügig wie irgend möglich zu sein.

Die *falschen* Themensätze sind alle zu lang, zu kompliziert und geben viel zu viel Information. Länge, Komplexität und übermäßige Information behindern eine klare Kommunikation mit einem Zuhörerpublikum. Das Publikum kann nicht zurückblättern, wenn es etwas nicht verstanden hat. Es muß etwas aufnehmen, was Sie sagen, in dem Moment, da Sie es sagen; das ist besonders wichtig am Anfang Ihrer Rede. Ein Themensatz ist wie eine Überschrift. Er telegraphiert den Inhalt dessen, was in der Rede folgt, in kurzen Worten für eine schnelle Aufnahme.

Themensätze nach Witzen

Wie bereits angemerkt, sollte Ihr Themensatz irgendwie in Beziehung zu der Geschichte oder dem Witz stehen, den Sie erzählt haben. Aber das heißt nicht, daß Sie endlos nach dem perfekten Witz suchen sollen. Fast jeder kurze Witz oder jede Geschichte kann benutzt werden, um in eine Vielzahl von Themen einzuführen, wie das folgende Beispiel zeigt:

Ein junger englischer Schriftsteller soll seinen ersten Vortrag auf einer Lesereise durch Amerika halten. »Ich bin so ein miserabler Redner«, gesteht er seinem amerikanischen Agenten, »daß ich jetzt schon weiß, daß sie alle rausgehen werden, bevor ich geendet habe.« »Quatsch!« entgegnet der Agent. »Sie sind ein ausgezeichneter Redner und werden Ihre Zuhörer an ihre Sitze fesseln.« »Oh ja«, ruft der Schriftsteller aus, »das ist eine wunderbare Idee! Aber können wir das tatsächlich machen?«

Mögliche Themensätze
Heute werde ich über öffentliches Reden sprechen.
Heute werde ich über Nervosität sprechen.
Das Thema meiner Rede sind Lesereisen.
Heute abend werde ich über englische Schriftsteller sprechen.
Ich bin hier, um zu Ihnen über Agenten und Schriftsteller zu sprechen.

Es ist nicht nur leicht, aus Witzen oder Anekdoten Themensätze herauszuziehen, es macht auch Spaß. Versuchen Sie es selbst.

Übung elf: Das Schreiben von Themensätzen

Die folgende Übung verfolgt zwei Absichten. Zunächst soll sie Ihnen Gelegenheit geben, das Schreiben kurzer, klarer Themensätze zu üben. Darüber hinaus soll sie Ihnen helfen, die Beziehung zwischen dem einleitenden Witz oder der Anekdote und dem darauffolgenden Themensatz zu verstehen.

Lesen Sie den folgenden Witz und versuchen Sie dann, vier Themensätze zu finden, die damit zu tun haben. Schreiben Sie jeden dieser Themensätze auf eine eigene Karte.

Zwei Männer arbeiten seit Jahren Seite an Seite im selben Amt, aber sprechen nie miteinander, sondern beobachten sich nur. Der eine geht jeden Tag um vier Uhr nach Hause, wogegen der andere immer bis sechs Uhr oder länger arbeitet. Schließlich wendet sich der härter Arbeitende an den andern. »Entschuldigung«, sagt er. »Macht es Ihnen etwas aus, mir zu verraten, wie Sie es schaffen, all die Arbeit jeden Tag bis vier Uhr gemacht zu haben?«

»Keineswegs. Wenn ich an ein schwieriges Detail gerate, mache ich einen Vermerk daran: *Herrn Schmidt vorlegen.* Ich stelle mir vor, daß in einem so großen Unternehmen wie diesem hier sicher irgendein Herr Schmidt beschäftigt ist, und ich scheine richtig zu liegen. Keine dieser Unterlagen kommt je zu mir zurück.«

»Kollege«, sagt der Schwerarbeiter und nimmt seinen Mantel, »machen Sie sich zur Arbeit bereit – ich bin Herr Schmidt.«

Mögliche Themensätze
Heute werde ich über ____________________ sprechen.
Das Thema meiner Rede ist ____________________.
Heute abend werde ich zu Ihnen über ______________ sprechen.
Ich bin gekommen, um zu Ihnen über ______________ zu sprechen.

Hier einige mögliche Themensätze, die Ihnen zu dieser kleinen Geschichte eingefallen sein könnten.

Ich werde heute über Organisation im Büro sprechen.
Das Thema meiner heutigen Rede ist die Bürokratie.
Ich spreche heute abend zu Ihnen über Arbeitsproduktivität.
Ich werde heute zu Ihnen über ein Computer-Organisationssystem sprechen.

Es gibt mindestens noch ein Dutzend andere mögliche Themensätze, die von dieser einen Geschichte abgeleitet werden können. Lassen Sie sich also nicht irritieren, wenn keine einzige der Ihren den oben genannten Beispielen ähnelt. Sie können sogar mit sich selbst ein Spiel machen – versuchen Sie, so viele Themensätze wie möglich zu finden. Aber *halten Sie sie kurz.*

Die Talk Power-Formel

Anfang: *Einführende Worte* (1)
Themensatz (2)
Thesensatz (3)

Mittelteil: *Hintergrund* (4)
Argumentationsteil (5)
Argument A
Argument B
Argument C
Argument D
Höhepunkt (6)

Schluß: *Schluß* (7)

Der Thesensatz (3)

Lassen Sie uns einen anderen Witz mit einem anderen Themensatz nehmen und den dazugehörigen *Thesensatz* untersuchen, der den dritten Teil des Anfangs Ihrer Rede darstellt.

Ein anonymer Steuerzahler sandte einmal einen Brief an das zuständige Finanzamt. Darin schreibt er, daß er vor etwa zehn Jahren seine Steuererklärung frisiert habe und daß er seither keine Nacht mehr ruhig geschlafen habe. Er legte einen Hundertmarkschein dazu und fügte an: »Wenn ich immer noch nicht schlafen kann, schicke ich den Rest.«
(Pause)

Themensatz: Mein heutiges Thema sind die Einkommenssteuern.

(Pause)

Thesensatz: Ich bin der Meinung, daß die vorgeschlagenen Beschneidungen der allgemeinen Einkommenssteuern nicht im Interesse unseres Landes liegen.

Ihr Thesensatz ist der wichtigste Satz Ihrer Rede. Er bezeichnet den Gedanken, den Ihre Zuhörer hören und deutlich erinnern sollen. Er umfaßt Ihr Hauptanliegen, die zentrale Aussage Ihres Vortrags.

Der Grund für seine so große Bedeutung ist, daß der Thesensatz Ihr Instrument ist, um eine gewisse *Spannung* in Ihre Rede zu bringen. Dieser Satz hilft Ihnen, die Aufmerksamkeit, Motivation und Betroffenheit Ihrer Zuhörer aufrechtzuerhalten.

Bei einem guten Vortrag ist alles Material, ganz gleich, wie unterschiedlich und weit gefächert es ist, auf diesen einen Thesensatz bezogen.

Beachten Sie hier, daß es *ein* Thesensatz ist. Immer und immer wieder erzählen mir Kunden und Studenten, die an Universitäten oder anderswo an Seminaren für öffentliches Reden teilgenommen haben, daß sie gelernt haben, daß man in einer Rede auch mehr als eine These behandeln könne.

Lassen Sie uns dieses Märchen ein für allemal aus der Welt schaffen. Der falsche Glaube, eine Rede könne mehr als eine These beinhalten, verursacht einen Großteil der Angst, die Leute haben, wenn sie Reden schreiben. Außerdem führt es unweigerlich zu einer verwirrenden Darbietung. Keine Rede und kein Vortrag, der in einer Sitzung ausgeführt wird, kann mehr als eine These haben.

Wenn Sie eine Rede gehört haben, die zwei Hauptthesen vertrat, dann haben Sie nicht eine, sondern zwei Reden gehört.

Eine These ist ein starker Gedanke, der sich in eine Richtung bewegt. Es ist wie bei einem Rückgrat, das zu einem Paar Beine gehört. Wenn Sie zwei Rückgrate mit zwei verschiedenen Paaren Beine hätten, würde die Bewegung in zwei verschiedene Richtungen laufen und das Ergebnis wäre chaotisch. Konfusion und Angst wären unvermeidlich. Benutzen Sie das Talk Power-Modell mit nur einer These, und Sie werden bemerken, daß Ihre Fähigkeit, Ihren Standpunkt zu kontrollieren und zu entwickeln, wesentlich verbessert wird.

Die Plazierung dieses Thesensatzes ist für den Erfolg Ihrer Rede von elementarer Bedeutung. Der Thesensatz muß *immer* im ersten Abschnitt Ihrer Rede auftauchen, denn:

- Er gibt den Zuhörern einen roten Faden in die Hand
- Wenn Sie den Zuhörern sagen, worauf Sie hinauswollen, werden diese Sie bei Ihrem Vorhaben unterstützen.
- Die Zuhörer entwickeln ein Gefühl von Sicherheit, wenn sie eine feste und klare Vorstellung davon haben, was Sie ihnen sagen wollen und was Sie von ihnen erwarten.
- Jemandem, der seine Absichten frühzeitig offenlegt, ist man eher geneigt zu vertrauen.
- Er wirkt als Bezugsrahmen für alle weiteren Aussagen, die Sie machen. Dadurch ergibt sich nur wenig Gelegenheit für Mißverständnisse.

Der Thesensatz ist das Instrument, das sowohl den *Enthu-*

siasmus des Redners für seinen Standpunkt, als auch seine *Verpflichtung* gegenüber diesem Standpunkt verdeutlicht. Er gibt die Gelegenheit, den Raum mit Energie und Leben zu füllen. Und dies nur deshalb, weil der Redner das Risiko auf sich nimmt, öffentlich persönliche Überzeugungen zu äußern. Deshalb sollte der Thesensatz auch mit folgenden Worten begonnen werden:

- »Ich denke ...«
- »Ich glaube ...«
- »Ich finde ...«
- »Ich bin der Meinung ...«
- »Ich bin der Überzeugung, daß ...«

Hier ein Beispiel:

Ein Tourist sieht auf einer Straße im Navajo-Gebiet einen Indianer auf der Erde liegen, das Ohr an den Boden gedrückt. Er läuft zu ihm hin und hört den Indianer murmeln: »Cadillac-Cabrio, verrückte gelbe Motorhaube, Mann am Steuer, großer Koffer auf dem Beifahrersitz, tolle Stereoanlage.«

Der Tourist ist erstaunt. »Wollen Sie sagen, daß Sie all das wissen können, wenn Sie Ihr Ohr auf den Boden legen?«

»Ohr auf den Boden, nichts da!« sagt der Indianer. »Das ist der Wagen, der mich überfahren hat.«

Themensatz: Heute werde ich Ihnen von meiner Reise durch das Navajo-Land erzählen.

Thesensatz: Ich finde, daß das Navajo-Land ein einzigartiges und wunderbares Gebiet ist, das einen Besuch lohnt.

Wenn Sie direkte und sehr persönliche Sätze benutzen,

um Ihr zentrales Thema vorzustellen, geben Sie Ihrer Rede eine wichtige menschliche Komponente. Diese menschliche Komponente wird andererseits das Interesse Ihrer Zuhörerschaft intensivieren und ihre Aufmerksamkeit verstärken. Vielen Leuten erscheinen die Ausdrücke »Ich finde« oder »Ich glaube« als Zeichen für Unsicherheit. Sie ziehen es vor, »die Tatsachen für sich sprechen zu lassen«, und bauen auf Karten, Grafiken oder Statistiken. Sie glauben, das Preisgeben einer persönlichen Meinung bedeute, eine Unterminierung ihrer Glaubwürdigkeit zu riskieren. Aber eine persönliche Aussage ist ein machtvolles Überzeugungsinstrument. Wenn auf eine persönliche Aussage gut recherchierte Tatsachen folgen, die den dargelegten Standpunkt unterstützen, wird die Rede als Ganzes stärker, nicht schwächer.

Sogar bei einer Gemeinschaftsveranstaltung hilft ein Bekenntnis persönlicher Anschauungen zu einer Politik oder einer bestimmten Unternehmung, die Bedeutung der Aussage zu vermitteln.

Lassen Sie uns nun sehen, wie der einleitende Witz, der Themensatz und der Thesensatz zueinander in Beziehung stehen. Hier sind ein Witz und ein Themensatz, mit fünf verschiedenen Möglichkeiten für einen Thesensatz. (Denken Sie daran: Nur eine These in einer Rede.)

Ein schüchterner junger Mann kommt in das Büro eines Werbe- und Verkaufsmanagers, nähert sich vorsichtig seinem Schreibtisch und murmelt: »Sie möchten nicht vielleicht eine Versicherung abschließen, oder?«

»Nein!« ist die brüske Antwort.

»Das habe ich befürchtet«, sagt der junge Mann verlegen und geht zur Tür.

»Warten Sie einen Augenblick!« ruft der Verkaufsmanager. »Ich habe mein ganzes Leben mit Verkäufern zu tun gehabt, und Sie sind der schlechteste, der mir je begegnet ist. Sie müssen Vertrauen ausstrahlen und Selbstvertrauen entwickeln. Um Ihnen ein bißchen Vertrauen zu geben, damit Sie besser verkaufen, werde ich eine Police über 10 000 Dollar abschließen.«

Nachdem er den Vertrag unterschrieben hat, sagt der Manager: »Was Sie brauchen, sind ein paar gute Techniken, die Sie anwenden können.«

»Oh, die habe ich«, antwortet der Verkäufer. »Ich habe für fast jeden Geschäftsmann meinen eigenen Stil. Der, den ich gerade benutzt habe, ist meine Standardnummer für Werbe- und Verkaufsmanager.«

Themensatz: Heute werde ich über Verkaufsmethoden sprechen.

Mögliche Thesen:

- Ich glaube, daß eine erfolgreiche Verkaufstechnik sich auf eine Reihe von Ansätzen stützen muß.
- Ich glaube, daß selbst sehr erfahrene Verkäufer immer noch neue Ansätze lernen können.
- Meine Meinung ist, daß zu einem guten Verkäufer mehr gehört als Selbstvertrauen.
- Ich finde, daß die jungen Verkäufer unbedingt durch ihre älteren Kollegen ernster genommen werden sollten.
- Ich bin der Meinung, daß mit dem richtigen Ansatz selbst dem schwierigsten Kunden etwas verkauft werden kann.

Wie Sie sehen, zielt jeder dieser Thesensätze auf einen eigenen Schwerpunkt ab, der sich von den anderen vier unterscheidet. Wenn Sie jeden einzelnen dieser Sätze als Leitfaden benutzen, würden Sie schließlich fünf ziemlich unterschiedliche Reden erhalten.

Der gute Thesensatz

Lassen Sie uns kurz jeden dieser Thesensätze auf seine Haupt-Argumentationspunkte hin untersuchen:

1. »Ich glaube, daß eine erfolgreiche Verkaufstechnik sich auf eine Reihe von Ansätzen stützen muß.«

Der Redner wird über verschiedene Verkaufstechniken sprechen, die zu erfolgreichem Verkaufen führen. Wahrscheinlich ist dies ein Vortrag im Rahmen eines Trainingsprogramms.

2. »Ich glaube, daß selbst erfahrene Verkäufer immer noch neue Ansätze lernen können.«

Der Redner wird sich auf neue Ansätze konzentrieren und dabei versuchen, erfahrenere Verkäufer zu motivieren, neue und andere Verkaufstechniken auszuprobieren. Er wird sie auffordern, sich nicht nur immer wieder auf Altbewährtes zu verlassen.

3. »Meine Meinung ist, daß zu einem guten Verkäufer mehr gehört als Selbstvertrauen.«

Der Redner wird über eine Reihe von Voraussetzungen sprechen – psychologische, körperliche usw. –, die erforderlich sind, wenn man ein guter Verkäufer sein will. Dieser Vortrag würde eher die persönlichen Qualifikationen betonen, die ein guter Verkäufer braucht, als die Verkaufstechniken. Dies könnte eine Rede bei einem Nachwuchs-Auswahlseminar sein.

4. »Ich finde, daß die jungen Verkäufer unbedingt durch ihre älteren Kollegen ernster genommen werden sollten.«

Der Redner wird versuchen, das Bewußtsein des versierteren Verkäufers für den tatsächlichen Verlust an Konkurrenzfähigkeit zu schärfen, den dieser erleben wird, wenn er den Techniken, dem allgemeinen Enthusiasmus und der Energie der jungen Verkaufskonkurrenz nicht mehr Aufmerksamkeit zollt.

5. »Ich bin der Meinung, daß mit dem richtigen Ansatz selbst dem schwierigsten Kunden etwas verkauft werden kann.«

Hier zielt der Redner auf den schwierigen Kunden ab. Diese Rede wird sich damit beschäftigen, Verkaufsprobleme bei schwierigen Kunden zu analysieren und Methoden durchzusprechen, die sich auf diesem Gebiet als erfolgreich bewährt haben.

Der schlechte Thesensatz

Hier sind verschiedene Thesensätze, die gängige Fehlerelemente enthalten.

1. »Ich glaube, daß erfolgreiche Verkaufstechniken sich auf eine Reihe von Ansätzen stützen, denn es hat sich immer und immer wieder gezeigt, daß Sie nicht für jeden einzelnen Käufertyp auf die immer gleichen alten Strategien zurückgreifen können.«

Dieser Satz war gut bis zu dem Wort *denn. Nehmen Sie niemals ein denn oder weil in Ihre These.* Erklären Sie nicht!

2. »Ich glaube, daß selbst der erfahrene Verkäufer

immer noch einen neuen Ansatz lernen kann, und besonders unter Berücksichtigung neuer Statistiken, die zeigen, daß unsere Konkurrenz auf dem Markt an Boden gewinnt, wäre es klug, das Repertoire an Techniken zu erweitern.«

Dieser Satz war in Ordnung bis zu dem Wort *und besonders. Schränken Sie nie eine These ein.*

3. »Ich habe den Eindruck, es wäre besser, wenn selbst sehr erfahrene Verkäufer versuchen würden, neue Techniken auszuprobieren.«

Dies ist ein sehr zögerlicher, halbherziger Satz (»Ich habe den *Eindruck*, es *wäre besser* ...«) Das ist eine schwache, unsichere und zögernde Art, Position zu beziehen, es ist sicher *keine* Art, einen Thesensatz auszudrücken.

4. »Ich bin der Meinung, daß man das Problem des schwierigen Kunden auf einer individuellen Basis angehen muß, insofern, als es unsere Erfahrung ist, daß schwierige Kunden, wenn sie mit unserem Service und unserer Bedienung zufrieden sind, unsere besten Kunden werden können.«

Dieser Satz war stark und gut bis zu dem Wort *insofern*. Nach diesem Wort wurden die Stärke und der Elan des vorhergehenden Statements durch die Anfügung eines weiteren Gedankens vermindert.

Gedanke A: »Schwierige Kunden müssen auf einer individuellen Basis behandelt werden.«

Gedanke B: »Schwierige Kunden können unsere besten Kunden werden.«

Gedanke B sollte sicherlich auch zum Ausdruck kommen, aber er sollte nicht in den Haupt-Thesensatz eingeschlossen sein.

Zusammenfassend läßt sich sagen: Ein Thesensatz sollte ein kurzes, aussagekräftiges Statement sein, das der Zuhörerschaft Ihren Standpunkt zu dem Thema, über das Sie sprechen, vermittelt.

Ein Thesensatz sollte nicht:

- Erklären
- Verteidigen
- Einen Gedanken ausarbeiten
- Beispiele geben
- Sich erst selbst herleiten
- Keine anderen Worte verlieren als solche, die absolut notwendig sind, um das auszudrücken, was Sie tatsächlich sagen wollen

Im Verlauf Ihrer weiteren Rede werden Sie dann erklären, verteidigen, ausarbeiten und Beispiele geben. Nichts davon findet jedoch im Thesensatz statt. Die Zuhörer müssen verstehen, welcher Ihr Standpunkt ist, bevor Sie beginnen zu erklären oder zu verteidigen. Ein einfaches Statement erreicht dies am besten.

Übung zwölf: Sie beginnen Ihre eigene Rede

1. Schauen Sie sich die Karte an, die Sie sich am Ende des letzten Kapitels gemacht haben. Sie haben darauf die Art von Rede notiert, die Sie halten wollen, Ihre Absicht, die Sie mit der Rede verfolgen, und den einleitenden Witz oder eine alternative Einleitung, die Sie benutzen wollen.

2. Nehmen Sie eine neue Karte zur Hand. Schreiben Sie in die erste Zeile Ihren *Themensatz*. Sehen Sie sich die Beschreibung des Themas an, die Sie am Ende des letzten Kapitels niedergeschrieben haben. Können Sie sie kürzer, prägnanter, treffender machen? Wahrscheinlich ja.

3. Überspringen Sie einige Zeilen und schreiben Sie dann einen *Thesensatz* für Ihre Rede nieder, wobei Sie die oben beschriebenen Gesetze dafür beachten. Lesen Sie den Thesensatz. Ist Ihre These so formuliert, daß sie Ihnen tatsächlich helfen wird, Ihre Absicht auszudrücken?

Wenn nicht, dann beschäftigen Sie sich noch weiter damit. Blättern Sie zurück zu den Beispielen, die wir ein paar Seiten weiter vorne gebracht haben.

Eine hervorragende Art, Ihren Thesensatz zu überprüfen, ist, zu fragen: »Könnte diese These eine Schlagzeile sein?« In meinen Seminaren halte ich beispielsweise meistens eine Karte mit einem Thesensatz hoch und sage: »Mr. Jones behauptet, *daß als Ergebnis hoher Zinsen der Immobilienmarkt beeinträchtigt wird.*« Sie sehen natürlich sofort, daß dieser Satz (kursiv) viel zu lang ist, um eine Überschrift zu sein. Wenn wir statt dessen sagen, »Mr. Jones stellt fest, *daß hohe Zinsen dem Immobilienmarkt schaden*«, haben wir denselben Gedanken mit weniger Worten ausgedrückt.

Wenn Sie jetzt noch Schwierigkeiten mit Ihrem Thesensatz haben, sollten Sie ein anderes Thema wählen, über das Sie sprechen wollen. Vielleicht stellen Sie fest, daß Sie Schwierigkeiten haben, weil Ihr Material so reichhaltig oder so umfassend ist. Wahrscheinlicher ist aber, daß Ihr Problem daher kommt, daß Sie noch keinen eigenen Standpunkt zu Ihrem Material gefunden haben. Und um erfolgreich zu einer Zuhörerschaft zu sprechen, müssen Sie einen Standpunkt, eine These haben.

Wenn Sie zu einem Thema noch keinen eigenen Standpunkt entwickelt haben, aber trotzdem eine Rede darüber halten müssen, dann haben Sie zwei Möglichkeiten. Sie können Ihre eigene Position überdenken und noch einmal versuchen, Ihren Standpunkt festzulegen. Oder Sie können gleich zu Beginn Ihren Zuhörern sagen, daß Sie keinen eigenen Standpunkt eingenommen haben. Wenn Sie ihnen nicht mitteilen, daß Sie noch zu keinem Ergebnis gekommen sind Ihren eigenen Standpunkt betreffend, werden die Zuhörer ihre ganze Zeit damit verbringen, sich vorzustellen, wovon Sie sprechen und welches Ihre Absichten sind. Selten ist jedoch ein Thema so komplex oder die Wahl so schwierig, daß Sie sich damit zufriedengeben, Ihren Zuhörern Alternativen als Denkanstöße vorzustellen. Es ist jedoch so, daß Reden ohne eine klare Perspektive im allgemeinen nicht sehr interessant sind. Ein fehlender Standpunkt mag bei einer Enzyklopädie oder einem Lexikon angebracht erscheinen; er gehört jedoch nicht zu einem Vortrag. Es ist daher fast immer vorzuziehen, ein anderes Thema zu wählen, zu dem Sie einen klaren Standpunkt einnehmen können.

Übung 13: Probe

Sie sind jetzt genügend vorbereitet, um den Beginn Ihrer Rede zu üben. Sie haben drei Karten: Auf die erste haben Sie einen Witz geschrieben, auf die zweite einen Themensatz und auf die dritte einen Thesensatz.

Bestimmen Sie den Platz, an dem Sie Ihren Vortrag halten möchten, wie in Übung sieben in Kapitel drei beschrieben. Sorgen Sie dafür, daß Sie Ihre Karten bei sich haben. Nun führen Sie in der angegebenen Reihenfolge die folgenden Anweisungen aus.

1. Setzen Sie sich auf Ihren Stuhl; zentrieren Sie sich.
2. Ihre Karten liegen in Ihrem Schoß. Schütteln Sie Ihre Hände kräftig (20mal).

3. Konzentrieren Sie sich auf das Pulsieren in Ihren Fingerspitzen.
4. Nehmen Sie Ihre Karten zur Hand.
5. Erheben Sie sich ganz langsam von Ihrem Stuhl.
6. Stellen Sie sich hin und balancieren Sie Ihr Gewicht gleichmäßig auf beiden Füßen aus.
7. Machen Sie einen Schritt mit Ihrem rechten Fuß, dann mit Ihrem linken Fuß; bleiben Sie stehen; konzentrieren Sie sich auf Ihre Fingerspitzen. Wiederholen Sie dies, bis Sie bei dem Rednerplatz vor Ihrer vorgestellten Zuhörerschaft angekommen sind.
8. Wenden Sie langsam Ihr Gesicht Ihrer vorgestellten Zuhörerschaft zu, wobei Sie Ihre Arme seitlich herunterhängen lassen.
9. Gehen Sie Ihre Checkliste durch.

Checkliste
Mein Kopf fühlt sich …
Meine Augen sind …
Mein Mund ist …
Meine Schultern …
Mein Nacken …
Meine Brust …
Mein Herz …
Meine Arme …
Mein Bauch …
Meine Hände …
Meine Beine …
Meine Knie …
Meine Füße …

10. Beginnen Sie jetzt zu sprechen und versuchen Sie,

während Sie Ihren Witz oder Ihre einleitende Anektode vortragen, nicht auf Ihre Karten zu schauen.

11. Pause.
12. Sprechen Sie Ihren Themensatz. Pause.
13. Sprechen Sie Ihren Thesensatz. Pause.
14. Gehen Sie zurück an Ihren Sitzplatz und setzen Sie sich für zehn ruhige Atemzüge still hin.
15. Wiederholen Sie jetzt sofort den Handlungsablauf so lange, bis zehn Minuten vergangen sind. (Benutzen Sie einen Küchenwecker.)

Erfolgsbericht

Datum	Zeit	Schwachstelle gravierend	Schwachstelle weniger gravierend	Kommentar	Ruhig – Nervös (1–10)

Wie Sie die Aufmerksamkeit des Publikums gewinnen (Der Hintergrundsabschnitt)

Mr. Tailor ist ein angesehener Geschäftsführer, der oft darum gebeten wird, vor Kunden Vorträge zu halten. Er ist immer gut vorbereitet und fühlt sich relativ sicher, wenn er vor seinem Publikum steht und seine Rede hält. Dennoch hinterläßt sein Vortrag oft bei denen, die ihm zuhören, den Eindruck, daß er ziemlich kühl ist.

Im Geschäft wissen alle, daß Tailor ein wirklich witziger, warmherziger und großzügiger Mann ist, jemand, bei dem man sich bei Gesprächen zu zweit oder in einer Gruppe sehr wohl fühlt. Wenn er jedoch aufsteht, um öffentlich zu sprechen, scheint er die Warmherzigkeit seiner Persönlichkeit abzulegen und zu einem kühlen Anbieter von Tatsachen zu werden.

Was ist hier das Problem? Mr. Tailor kennt nicht die Angst vor geistigen Blackouts, die so viele unerfahrene Redner haben. Sein Vortrag ist sehr professionell und geschäftsmäßig – zu geschäftsmäßig.

Das Problem ist, daß Mr. Tailor sich selbst nie in einen Vortrag mit einbezieht. Wenn er eine Rede hält, vermeidet er strikt das Wort *Ich*. Er baut seine Argumente einzig und allein auf Fakten und Statistiken auf und vermeidet jegliche persönlichen Stellungnahmen, Empfehlungen oder Hinweise auf eigene Präferenzen.

Das Ergebnis ist, daß das Individuum Mr. Tailor einfach überhaupt nicht gegenwärtig ist. Indem er alle persönlichen Stellungnahmen vermeidet, entgeht ihm die Gelegenheit, den Zuhörern die Warmherzigkeit seiner Persönlichkeit zu übermitteln.

Wie kann es Mr. Tailor gelingen, seinen Zuhörern die eigene Warmherzigkeit mitzuteilen und ihnen menschlicher zu erscheinen, ohne dabei zu persönlich zu werden und ohne seine professionelle Glaubwürdigkeit zu verlieren?

Die Antwort findet sich im richtigen Gebrauch des vierten Abschnitts der Handlungsformel: dem Hintergrundsabschnitt.

Die Talk Power-Formel

Anfang: *Einführende Worte* (1)
Themensatz (2)
Thesensatz (3)

Mittelteil: *Hintergrund* (4)
Argumentationsteil (5)
Argument A
Argument B
Argument C
Argument D
Höhepunkt (6)

Schluß: *Schluß* (7)

Entwicklung des Hintergrunds (4)

Der Hintergrundsabschnitt folgt direkt auf Ihren Thesensatz. Er sollte maximal 150 und minimal 75 Wörter umfassen, ganz gleich, wie lang Ihre Rede sein wird.

Sinn und Zweck des Hintergrundsabschnitts ist es, zwischen Ihnen und Ihren Zuhörern eine persönliche Verbindung zu schaffen.

Der Hintergrund beantwortet die folgende Frage: *Wie sind Sie oder Ihre Firma (Verein, Familie ...) dazu gekommen, sich für das Thema dieser Rede zu interessieren?* Nicht die These, sondern das Thema. Der Hintergrund soll *keine* Marktschreierei sein. Er ist eine *Geschichte,* die den Zuhörern erklärt, warum Sie über das angegebene Thema sprechen wollen. Er sollte möglichst wenig Abstraktionen, Theorien, Statistiken oder Zahlen beinhalten. Der Hintergrundsabschnitt befaßt sich in allererster Linie mit Ihnen selbst und Ihrem Verhältnis zu Ihrem Thema. Warum, mögen Sie fragen, sollen die Zuhörer etwas über Sie wissen wollen?

Die Antwort ist einfach. Leute interessieren sich immer für andere Leute. Und besonders interessieren sie sich für das Leben derer im Rampenlicht, führender Persönlichkeiten und Autoritätspersonen. Bereits das Aufstehen, um eine Rede zu halten, rückt Sie ins Rampenlicht, macht aus Ihnen einen Führer. Die Leute – Ihre Zuhörer – werden etwas über Sie wissen wollen.

Es kann durchaus trivial sein, was Sie Ihren Zuhörern über sich selbst und Ihr Interesse am Thema Ihrer Rede erzählen. Aber da Sie im Rampenlicht stehen, werden selbst triviale Informationen interessant. Wenn Sie daran Zweifel haben, denken Sie doch an die unermüdliche

Neugier der Medien dafür, was Politiker oder Filmstars bei diesem oder jenem Anlaß zu Abend gegessen haben. Es ist nicht wirklich wichtig, ob eine Person Hüttenkäse mit Ketchup oder Eier Bénédict bevorzugt; die Leute wollen solche Dinge einfach nur wissen. Diese Art von Informationen machen Leute im Rampenlicht menschlicher, lassen sie realer erscheinen. Realer zu sein, auf derselben Ebene wie Ihre Zuhörer zu stehen, macht für diese Ihre Rede viel interessanter.

Wenn Sie von sich selbst ein menschliches Bild geben, während Sie Ihre Rede halten, werden Ihre Zuhörer Ihrem Thema wesentlich interessierter gegenüberstehen, Ihre These besser aufnehmen und entspannter sein.

Genau wie Ihre einleitenden Worte (der Witz oder die Anekdote, mit der Sie beginnen) den Zuhörern Zeit geben, sich an Ihre körperliche und stimmliche Anwesenheit zu gewöhnen, gibt der Hintergrundsabschnitt den Zuhörern Gelegenheit, *Sie ein bißchen kennenzulernen.*

Er gibt ihnen die Möglichkeit, sich mit Ihnen zu identifizieren. Ohne diese Art von Identifikation sind Ihre Zuhörer weniger aufnahmebereit für die Zahlen und Informationen, die Sie im Hauptteil Ihrer Rede präsentieren.

Lassen Sie uns die Hintergrundsbemerkungen einer meiner Studentinnen betrachten, einer jungen Frau, die eine Rede über Computer hielt. Nach ihrer einleitenden Anekdote verknüpfte sie diese mit ihrem *Themensatz.* »Ich werde heute über Computer sprechen.« Sie machte eine kurze Pause und ließ dann ihren *Thesensatz* folgen: »Ich glaube, Computer werden zu einem wesentlichen Bestandteil unseres Alltagslebens in den achtziger Jahren werden.« Nach einem weiteren kurzen Pausenmoment ging sie daran, ihren Hintergrund vorzustellen.

»Mein Interesse für Computer erwachte zum ersten Mal vor zwölf Jahren. Zu dieser Zeit wartete ich darauf, an der Rutgers Universität eine Stellung antreten zu können. Damals bot man mir einen Kurzzeitjob im Computerzentrum an. Da ich nichts anderes zu tun hatte, beschloß ich, es zu versuchen. Die Computer waren damals noch lang nicht so mächtig und perfekt wie heute, aber sie waren massiv und hoch entwickelt und sicher viel größer, als alles, was ich je gesehen hatte. Alles, was ich bis dahin kannte, war eine elektronische Rechenmaschine. Ich war fasziniert von den Computern. Als mir der andere Job abgesagt wurde, bot mir der Daten-Abteilungsleiter einen Job im Computerzentrum an. Er bot mir an, mich auszubilden. Ich nahm die Gelegenheit wahr.

Seit dieser Zeit war ich Anwendungsprogrammierer, Geschäftsprogrammierer, Programmanager und, erst kürzlich, Systemberater. Meine Faszination an Computern ist ungebrochen.«

In weniger als einer Minute gab sich diese junge Frau ein Profil und stellte ihre persönliche Beziehung zum Thema der Rede, den Computern, her. Sie stellte sich ihrem Publikum mit einer ganz kleinen Geschichte vor und machte es damit für dieses leichter, sich zurückzulehnen und in Ruhe dem zuzuhören, was sie zu ihrem Thema zu sagen hatte. Sie konnte jetzt daran gehen, ihre These zu untermauern und ihre Zuhörer davon zu überzeugen, daß Computer in den achtziger Jahren zu einem bedeutenden Faktor unseres Alltagslebens werden würden.

Es gibt jedoch einige Leute, für die es nahezu unmöglich ist, vor einer Gruppe von Menschen mehr als ein oder zwei Sätze über sich selbst zu sprechen. Wenn Sie ihnen

Fragen stellen, können Sie sie aus der Reserve locken, aber wenn sie mit der Aufgabe, für ihre Rede einen Hintergrund zu entwickeln, alleingelassen sind, dann sind sie unfähig. Für diese Leute habe ich ein Modell für das Schreiben einer persönlichen Geschichte entwickelt. Wenn Sie dieses Modell anwenden und dabei jede Frage darin einfach und direkt beantworten, können sie einen Hintergrund konstruieren, der Sie befähigt, einer Zuhörerschaft leicht und in flüssiger Art und Weise von Ihrem Interesse an dem Thema, das Sie behandeln, zu erzählen.

Hintergrundsmodell

Wenn Sie das Gefühl haben, daß eines Ihrer Probleme Ihre Unfähigkeit ist, einer Geschichte einen roten Faden zu geben, dann haben Sie hier ein Modell für den Hintergrundsabschnitt. Benutzen Sie es als Leitfaden für Ihren Hintergrund.

Wann erwachte zum ersten Mal Ihr Interesse am *Thema* Ihrer Rede?

Mein Interesse erwachte ... *(höchstens ein oder zwei Sätze)* ______________________________

____

____

Wodurch haben Sie davon gehört? (höchstens ein oder zwei Sätze) ______________________________

____

____

Was für eine Empfindung oder welchen Gedanken hatten Sie damals dabei? ______________________________

____

____

Was haben Sie getan? (ein oder zwei Sätze) ____________

____

____

Wer war daran noch beteiligt? (ein oder zwei Sätze) ____

____

____

Was kam dabei heraus? (Führen Sie wenn möglich drei Dinge an) ________________________

1. ____ (ein Satz) ________________________
2. ____ (ein Satz) ________________________
3. ____ (ein Satz) ________________________

Leiten Sie über in die *Gegenwart.* ______________

____

____

In einigen Fällen mag eine wahre persönliche Geschichte unangemessen sein. Es gibt Fälle, in denen jemand für seine Firma spricht. Dann wirkt ein persönlicher Bericht ungeschickt. Aber wenn Sie der Direktor des Unternehmens sind oder an dessen Führung maßgeblich beteiligt sind, oder aber, wenn Sie das Produkt, von dem Sie sprechen werden, selbst entwickelt haben, sollte der persönliche Hintergrund durchaus gebracht werden. Sind Sie dagegen nur ein Sprecher, der die Haltung seiner Firma zu einem bestimmten Sachverhalt vortragen soll, dann mag ein weniger persönlicher Tonfall angebrachter erscheinen. Das heißt jedoch nicht, daß der Hintergrundsabschnitt der Rede übersprungen werden sollte. Ihre Zuhörer werden wissen wollen, warum Ihre Firma, die Sie repräsentieren, an diesem Thema interessiert ist. Sie können Ihren Hinter-

grundbemerkungen in gewissem Grad immer noch ein persönliches Profil geben, indem Sie, anstatt immer den ganzen Firmennamen zu nennen, von »meiner Firma« sprechen.
Hier ein Modell zur Entwicklung einer »Gesellschafts«-Geschichte für Ihre Rede.

Modell für eine Firmen-/Gesellschafts-Hintergrundgeschichte

Wann begann man sich in Ihrer Firma erstmalig für diese Fragestellung, dieses Produkt, neue System, politische Problem, etc. zu interessieren? (ein Satz) ______

______

______

______

Wie hat Ihre Firma davon erfahren? (ein Satz) ______

______

______

______

Wie war zu jener Zeit der *Standpunkt* bzw. die Haltung der Firma gegenüber solchen Dingen? (ein Satz) ______

______

______

______

Was hat Ihre Firma *unternommen?* (ein oder zwei Sätze)

______

______

______

Mit welchen *anderen* Firmen oder Agenturen wurde Kontakt aufgenommen? (ein Satz) ______

______

______

Was war das *Ergebnis?* (Führen Sie drei Dinge an, wenn möglich) ______________________________

1. ____ (ein Satz) ______________________________
2. ____ (ein Satz) ______________________________
3. ____ (ein Satz) ______________________________

Wie ist die Haltung der Firma heute dazu? (ein Satz)

____

____

____

Modell für eine ganz unpersönliche Hintergrundgeschichte

Für den Fall, daß Sie sich unter gar keinen Umständen auf sich selbst oder Ihre Firma beziehen möchten und darauf bestehen, nur ausschließlich zu dem Gegenstand zu sprechen, über den Sie vortragen werden, stelle ich Ihnen hier ein drittes Modell vor. (Diese Form wird normalerweise bei einem Rechenschaftsbericht oder einem Schulreferat angewendet.)

Die Geschichte des ________________ geht zurück bis

____

Ursprünglich war (ein Satz) ________________________

____

Bringen Sie jetzt drei interessante Informationen zu dem Thema. (Jede ein Satz)

1. ____
2. ____
3. ____

Im Laufe der Zeit ... *(Führen Sie drei Ereignisse an.)*

____

____

____

____

Was war das *Ergebnis?* (drei Sätze)
Als Ergebnis ______________________________

____

____

____

Stellen Sie die Verbindung zur *Gegenwart* her. (drei Sätze)

____

____

____

(Gesamt: 150 Worte)

Die Fähigkeit der Selbstdarstellung

Nach welchem Modell Sie sich auch richten, bemühen Sie sich immer um *Kürze.* Viele meiner Studenten oder Kunden haben mir berichtet, daß für sie beim Schreiben einer Rede eines der größten Probleme ihre Unfähigkeit, sich selbst darzustellen, war. Reihum häuften sie Stapel von Papier vor sich auf, wenn sie eine Rede von nur zehn Minuten vorbereiten sollten – Seite um Seite gefüllt mit Daten, Zeugnissen und allgemeinen Informationen. Wenn sie dann so weit waren, ihre Rede zu halten, waren sie von ihrem eigenen Material überwältigt.

Wie es ein Kunde von mir, ein Rechtsanwalt, formuliert: »Wenn ich aufstehe, um zu sprechen, merke ich, wie ich immer und immer wieder um einen Gedanken kreise, den ich übermitteln will, bis ich plötzlich merke, daß ich nicht mehr die Zeit habe, alles zu sagen, was erforderlich ist. Ich gerate in Panik. Es ist wie bei einem Traum, den ich manchmal habe. In diesem Traum gehe ich in mein Büro und finde alle meine Aktenordner und Schubladen umgekehrt und auf den Boden ausgeleert. Ich brauche aber bestimmte Dokumente sehr schnell, um einen Bericht für ein Gericht zu verfassen, und ich weiß nicht, wo ich was finde. Ich fühle mich unter Druck und hilflos; ich weiß nicht, wo ich beginnen soll. Genauso ist es, wenn ich eine Rede halte.«

Das Problem ist, daß so viele Leute eine Rede oder einen Vortrag entwickeln, in dem sie dieselben Methoden anwenden, die sie in der Schule oder auf der Universität bei Hausarbeiten benutzt haben. D. h., sie versuchen, so viele Seiten wie möglich zu füllen. Manchmal haben sie auf solche Arbeiten gute Noten bekommen – der Lehrer oder Dozent hat ihren Fleiß benotet. Er konnte jedoch auch alle Wiederholungen oder Abweichungen vom Thema überspringen. Aber eine Zuhörerschaft kann nicht überspringen. Ein Zuhörerpublikum ist ein gefangenes Publikum. Eine Art, sich zu wehren, haben die Mitglieder des Publikums jedoch – sie können abschalten. Und genau das werden sie tun, wenn Sie sich nicht am Anfang richtig vorgestellt haben.

Dies ist ein Grund, warum ich bei der Vorbereitung einer Rede zu dem Gebrauch der Karten rate. Der begrenzte Platz, der auf solchen Karten zur Verfügung steht, wirkt als psychologischer Hemmschuh gegen jedwede Tendenz, übermäßig Informationen anzuhäufen. Dieser begrenzte Platz erinnert permanent daran, daß Selbstvorstellung notwendig ist. Einige Studenten haben berichtet, daß die einzige Art, wie sie ihre Gedanken ordnen können, ist, Seite um Seite aufzuschreiben und dann das unwichtige Material herauszuschneiden. Doch das ist keine sehr produktive Art, eine Rede zu schreiben. Man schreibt nicht eine Novelle und stutzt sie dann zu einer Kurzgeschichte zurecht. *Sie haben unterschiedliche Gesichter und gehorchen unterschiedlichen Anforderungen.* Ähnlich haben eine Hausarbeit und eine Rede völlig unterschiedliche Ziele und unterliegen anderen Gesetzen.

Bei der Vorbereitung einer Rede müssen Sie sich strikt an Ihren Wortvorrat halten, d. h., Sie müssen immer wieder überprüfen, ob die Zahl der niedergeschriebenen Worte der für die einzelnen Abschnitte vorgesehenen Zeit entsprechen. Beim Ausfüllen der Modelle für Ihre Hintergrundsgeschichte müssen Sie daran denken, daß das Vortragen von hundertfünfzig Worten ungefähr eine Minute Zeit in Anspruch nimmt. Nehmen wir an, daß Ihr Hintergrundsabschnitt in Ihrer Rede eine Minute dauert. Beide Modelle beinhalten sieben Fragen; aber auf die sechste Frage »Was war das Ergebnis?« sollen Sie drei Beispiele anführen. Ihr Hintergrundsmaterial besteht also aus zehn Einheiten. Bei einer Minute Redezeit sollte dann jede Einheit ungefähr fünfzehn Wörter umfassen, wenn die sechste Frage drei Einheiten umfaßt. Denken Sie an diese Wort- und Zeitbegrenzung, wenn Sie die nächste Übung machen.

Wie bereits erwähnt ist es günstig, den Einleitungsabschnitt Ihrer Rede gut genug zu kennen, damit Sie Ihre Karten bis zum Hintergrundsabschnitt gar nicht zu benutzen brauchen.

Was aber, wenn Sie das Gefühl haben, Sie *müssen* Ihre ganze Rede ablesen? Ein New Yorker Sprechtrainer gibt den Rat: »Lesen Sie Ihre Rede nicht ab, sie klingt sonst gespreizt.« Diese Anweisung ist in dieser Form unrealistisch und dient allenfalls dazu, unerfahrenen Rednern noch weiter den Mut zu nehmen, sich einer öffentlichen Redesituation zu stellen.

Der gesunde Menschenverstand wird Ihnen sagen, daß

es wichtiger ist, sich sicher zu fühlen, selbst wenn man ein bißchen steif klingt. Und es muß nicht sein, daß es gespreizt klingt, wenn man von der Karte abliest. Ich habe viele professionelle Redner ihre Reden ablesen gesehen, ohne eine Spur von Steifheit. Sie sollten natürlich immer zu Hause bei Ihren Übungen versuchen, Ihre Einleitung, Ihren Themen- und Thesensatz ohne Ablesen zu sprechen. Wenn Sie aber das Gefühl haben, daß Sie ohne die Hilfe Ihrer Karten zu viel Angst haben, dann beginnen Sie auf jeden Fall abzulesen. Wenn Sie mit jeder neuen Rede immer vertrauter mit der Vortragserfahrung werden, können Sie mehr und mehr versuchen, sich von Ihren Karten zu lösen. Denken Sie daran, daß Sie noch lernen; Sie müssen nicht beim allerersten Mal perfekt sein – auch beim zehnten Mal noch nicht. Dennoch werden Ihre Reden, wenn Sie das Talk Power-Modell und sein Prinzip des begrenzten Wortvorrats anwenden, auch wenn Sie von einer Karte ablesen, vom ersten Mal an, da Sie vor einer Gruppe stehen und reden, *professionell klingen.*

Übung vierzehn: Präsentieren eines Hintergrunds

1. Füllen Sie eines der oben genannten Hintergrundmodelle aus.

2. Schreiben Sie eine kurze Geschichte (maximal 150 Wörter) unter Benutzung dieser Informationen auf eine Karte von Postkartenformat.

3. Nehmen Sie die Karten zur Hand, auf die Sie Ihren Witz oder Ihre Anekdote, Ihren Themensatz und Ihren Thesensatz notiert haben. Fügen Sie nun Ihre neue Hintergrundskarte dazu. Schreiben Sie hinter das letzte Wort dieser Karte ERHOLUNGSPAUSE – BIS FÜNF ZÄHLEN.

4. Wiederholen Sie noch einmal Schritt für Schritt all die Techniken, die Sie bis jetzt gelernt haben, und deren Zweck es war, Ihnen zu helfen, sich zu konzentrieren, Ihre Körperreaktionen in den Griff zu bekommen und Ihnen ein Gefühl für Ihren Körper zu geben.

Probe

Erheben Sie sich *ganz langsam* von Ihrem Stuhl. Stellen Sie sich hin und balancieren Sie Ihr Gewicht gleichmäßig auf beiden Beinen aus. Machen Sie einen Schritt mit Ihrem rechten Bein, dann mit Ihrem linken und bleiben Sie dann mit beiden Beinen stehen. Konzentrieren Sie sich auf Ihre Fingerspitzen. Wiederholen Sie dies, bis Sie an der vorgesehenen Rednerposition angekommen sind. Drehen Sie sich langsam um und blicken Sie Ihr vorgestelltes Publikum an, wobei Sie Ihre Arme seitlich herunterhängen lassen.
Gehen Sie Ihre Checkliste durch:

Mein Kopf fühlt sich …
Meine Augen sind …
Mein Mund ist …
Meine Schultern …
Mein Nacken …
Meine Brust …
Mein Herz …
Meine Arme …
Mein Bauch …
Meine Hände …
Meine Beine …

Meine Knie …
Meine Füße …

Erzählen Sie Ihren Witz. Pause.

Sprechen Sie Ihren Themensatz und machen Sie eine Pause, dann Ihren Thesensatz und wieder eine Pause. Lesen Sie jetzt Ihre Hintergrundkarten vor und denken Sie daran, von Zeit zu Zeit in Ihr Publikum zu sehen.

Gehen Sie jetzt zurück zu Ihrem Platz. Setzen Sie sich hin und machen Sie zwölf tiefe und ruhige Atemzüge.

Wiederholen Sie diesen Ablauf zehn Minuten lang (Benutzen Sie einen Küchenwecker.)

Erfolgsbericht

Datum	Zeit	Schwachstelle gravierend	Schwachstelle weniger gravierend	Kommentar	Ruhig – Nervös (1–10)

Systematisches Denken (Der Argumentationsabschnitt)

Barbara G. verbringt einen großen Teil ihrer Zeit und Energie damit, jede Art von Reden in der Öffentlichkeit zu vermeiden. Das ist nicht leicht für sie, denn Barbara arbeitet in der Abteilung für Erziehungsfragen in einem staatlichen Unternehmen, wo Vorträge und Seminare häufig sind.

Vor langer Zeit an der Universität hatten ihre Lehrer und Freunde ihr gesagt, daß ihre Vorträge endlos wirkten. Ihre Argumente wirkten verschwommen, und in ihrem ganzen Vortrag fehlte eine klare Linie. Sie mußte etwas dagegen tun.

Also ging Barbara in Seminare für öffentliches Reden, in denen man ihr beibrachte, wie die Schwerpunkte einer Rede aufgebaut werden. Aber diese Information war nicht allzu hilfreich für sie. Obwohl Barbara intelligent ist, hat sie immer noch das Gefühl, daß ihre Reden zu lang und langweilig sind und vom Thema abschweifen. Sie weiß noch immer nicht, wie sie ihre Argumente gut aufbauen soll.

Aus diesem Grund klebt Barbara nun schon seit Jahren an ihrem Job und vermeidet ängstlich eine Beförderung, denn die nächsthöhere Postition würde wöchentlich auswärts zu haltende Vorträge bedeuten, in denen sie vor Gruppen von Wissenschaftlern, die mit ihrem Unternehmen zu tun haben, sprechen müßte. Barbara hat ihr Problem »gelöst«, indem sie dafür gesorgt hat, daß sie gar nicht erst in die Situation kommt, vor einem Publikum öffentlich sprechen zu müssen.

Barbaras Seminarlehrer hatten ihr eine Menge Unterstützung, positives Feedback und eine Reihe von Tips zukommen lassen. Aber ihr Interesse lag mehr bei Theorien der Redeführung, als bei konkreten Verfahrenstechniken. Barbara hat also nie eine systematische und detaillierte Methode gelernt, schrittweise ihre Gedanken für eine Rede *zu entwickeln und zu ordnen.* Wenn sie ihre Reden zusammenstellt, wird sie von der Masse an Fakten, Statistiken und Unterlagen derartig erdrückt, daß sie den Überblick über ihr Material verliert. Es gelingt ihr nie, einen klaren Standpunkt herauszuarbeiten oder einen deutlichen Argumentationsaufbau zu entwickeln.

Durch die Anwendung des Talk Power-Systems kann jedoch sogar jemand wie Barbara lernen, eine Rede zu schreiben, die Fakten und Statistiken so kontrolliert präsentiert, daß *sie tatsächlich als Argumente fungieren* und nicht nur als endlose Aneinanderreihung von Informationen zu einem bestimmten Thema. Das Geheimnis liegt darin, daß jede Information, jedes Argument mit dem Themen- und dem Thesensatz verknüpft werden muß, mit dem Sie Ihre Rede beginnen.

Die Talk Power-Formel

Anfang:	*Einführende Worte* (1)
	Themensatz (2)
	Thesensatz (3)
Mittelteil:	*Hintergrund* (4)
	Argumentationsteil (5)
	Argument A
	Argument B
	Argument C
	Argument D
	Höhepunkt (6)
Schluß:	*Schluß* (7)

Der Argumentationsabschnitt (5)

Die Kunst des Argumentationsabschnitts ist es, *so auf den Themen- und Thesensatz aufzubauen, daß Sie nicht von Ihrem zentralen Thema abweichen.* Der hier vorgestellte Ansatz bringt Ihnen bei, wie Sie eine interessante und informative Rede auf systematische Art entwickeln.

Der Argumentationsabschnitt Ihrer Rede unterteilt Ihren Themensatz in mehrere Argumente oder Unterpunkte. Lassen Sie uns ein Beispiel ansehen.

Einer meiner Studenten hatte kürzlich eine Rede für seinen Club vorzubereiten. Damals fand gerade eine große Diskussion über den U-Bahn-Fahrpreis statt. Sehen Sie hier, wie er sein Thema – *die Situation der U-Bahn* – in Unterpunkte oder Argumente aufgeteilt hat:

Thema: Ich werde heute über die Situation unserer U-Bahn sprechen.
These: Ich bin der Meinung, daß der Fahrpreis nicht angehoben werden sollte.
Hintergrund: ...
Argumentationsabschnitt: Punkt 1. Geschichte der New Yorker U-Bahn

Punkt 2. Der schlechte Zustand der U-Bahn

Punkt 3. Die Bedeutung der U-Bahn für New York

Seine Rede sollte zehn Minuten dauern. Nachdem er für die Einleitung und für seinen Hintergrund je eine Minute gebraucht hatte, blieben ihm für den Rest seiner Rede ungefähr acht Minuten oder etwa zweieinhalb Minuten für jedes seiner Argumente. Das ergibt etwa 375 Wörter für jedes Argument.

Durch diese Zeiteinteilung war es ihm möglich, seine Gedanken zu entwickeln und mit dem nötigen Hintergrundmaterial zu versehen und auf diese Weise eine interessante und informative Rede aufzubauen, die in den vorgegebenen Zeitrahmen paßt.

Es erhebt sich die Frage, wie dieser Student gerade zu diesen Argumenten gekommen ist. Schließlich gibt es Dutzende verschiedener Unterpunkte, die er ebenso hätte wählen können. Die Antwort liegt in einer Technik, die dazu dient, eine Rede vielfältig und interessant zu gestalten. Diese Technik heißt Brainstorming.

Brainstorming

Brainstorming ist ein Prozeß, bei dem innerhalb eines bestimmten Zeitabschnitts so schnell wie möglich und so frei wie möglich kreative Gedanken entwickelt werden – wobei keiner dieser Gedanken *in irgendeiner Weise bewertet wird.*

Schreiben Sie Ihren Themensatz in die erste Zeile einer Karte. Stellen Sie dann einen Küchenwecker auf zehn Minuten. Machen Sie jetzt Brainstorming. D. h., versuchen Sie, auf Ihre Karte so viele Unterpunkte zu Ihrem Thema niederzuschreiben, wie irgend möglich. Dazu haben Sie die angegebenen zehn Minuten Zeit. Lassen Sie Ihren Gedanken freien Lauf, ganz gleich, wie lächerlich oder verrückt sie Ihnen erscheinen mögen. (Sie brauchen Ihrer Phantasie keine Grenzen zu setzen, denn Sie sind ja der einzige, der das von Ihnen Niedergeschriebene lesen wird.) Nach diesen zehn Minuten ist die Brainstorming-Sitzung vorüber. Der nächste Schritt ist, die Liste zu überarbeiten und unpassende Unterpunkte auszustreichen. Streichen Sie die Liste so lange zusammen, bis die Zahl von Argumenten übrig bleibt, die Sie für Ihre Rede brauchen. Gewöhnlich reichen drei oder vier Unterpunkte.

Hier ist die Liste, die der erwähnte Student zum Thema U-Bahn entwarf, bevor er schließlich seine letzte Liste mit drei Punkten erhielt:

- U-Bahnen der Zukunft
- Gewalt in der U-Bahn
- Die durchgehende U-Bahn
- Das umfassende U-Bahn-Netz
- U-Bahnen und die ältere Generation

- Die U-Bahn und Kinder
- Lärm und U-Bahnen
- Sex und U-Bahnen
- Kriminalität und U-Bahnen
- Filme und U-Bahnen
- Gelächter in der U-Bahn
- Die Regierung und die U-Bahn
- Die Kosten der U-Bahn
- Die Preise für die U-Bahn-Benutzung
- Leute treffen in der U-Bahn
- Frauen in der U-Bahn
- Stillegung der U-Bahnen
- Geschichte der U-Bahnen
- Eine neue U-Bahn
- Grafitties in der U-Bahn
- Bahnsteigpolizei
- U-Bahn-Geheimnisse
- U-Bahnen in anderen Städten
- U-Bahnen in anderen Ländern
- Als es noch keine U-Bahnen gab
- Meine Erinnerung an die U-Bahn vor vielen Jahren
- Schlechter Zustand der U-Bahn
- Politiker und die U-Bahn
- Korruption und die U-Bahn
- Jobs und die U-Bahn
- Der U-Bahn-Verkehrsverbund
- Die Bedeutung der U-Bahn
- Jugendkriminalität und U-Bahn

Nach entsprechenden Streichungen blieben schließlich die letzten drei Punkte übrig:

- Geschichte der U-Bahn
- Schlechter Zustand der U-Bahn
- Die Bedeutung der U-Bahn für New York City

Die Anordnung der ausgewählten Punkte sollte immer so sein, daß zuerst die weniger interessanten oder spannenden Punkte an der Reihe sind und danach die wichtigeren und interessanteren. Denken Sie daran: Es ist *Ihre* Rede. Es liegt an Ihnen, die Reihenfolge festzulegen.

Häufeln

Wenn Sie Ihre Punkte zusammenstellen, achten Sie darauf, daß es nie mehr als sieben Stück sind, einschließlich Ihrem Redehöhepunkt, ganz gleich, wie lang Ihre Rede ist. Dies ist keine willkürliche Zahl. Sie basiert auf der Informationsmenge, die das menschliche Gehirn in einer bestimmten Zeit aufnehmen kann.

Wie Peter Russell in *The Brain Book* schreibt: »Das Kurzzeitgedächtnis ist begrenzt auf etwa sieben ›Teile‹ an Information. Die meisten Leute können sich etwa sieben Zahlen in einer Folge merken, sieben Farben, sieben Formen oder was auch immer. Wenn Sie sich also mehr als sieben Dinge merken sollen, ist es besser, diese in eine kleinere Zahl von Blöcken zu verpacken.«

Sollten Sie versuchen, in einer Rede mehr als sieben Punkte unterzubringen, dann werden Sie nicht nur Probleme damit haben, sie sich zu merken, sondern auch Ihre Zuhörer werden es schwierig finden, sie aufzunehmen.

Übung 15: Die Auswahl der Punkte für eine Sieben-Minuten-Rede

1. Schauen Sie auf die Karte mit Ihrem Themensatz. Stellen Sie einen Küchenwecker auf zehn Minuten ein. Schreiben Sie jetzt schnell so viele verschiedene Unterpunkte, *die mit Ihrem Themensatz zu tun haben,* wie Ihnen einfallen, auf. Lassen Sie keinen Punkt aus, nur weil er Ihnen verrückt oder unangebracht erscheint. Sie wollen, daß Ihre unterbewußte Kreativität so offen und uneingeschränkt wie möglich arbeiten kann.
Wenn der Wecker klingelt, hören Sie auf zu schreiben.

2. Streichen Sie die Unterpunkte weg, die Sie nicht brauchen können, so lange, bis vier Unterpunkte übrig sind.

3. Ordnen Sie die Liste der vier Punkte entsprechend ihrer Bedeutung – der unwichtigste zuerst, der wichtigste zuletzt. Schreiben Sie jeden Punkt auf eine eigene Karte. (Numerieren Sie Ihre Karten.)

Die Ausarbeitung Ihrer Punkte

Wenn Sie einmal Ihre Punkte ausgewählt haben, dann schreiben Sie auf die einzelnen Karten all die Informationen (verschiedene Daten, Statistiken, anekdotische Anmerkungen, Angaben usw.), die unter die jeweilige Überschrift gehören. Arbeiten Sie immer nur an einer Karte, so, als hätten Sie nur mit dieser zu tun. Bringen Sie in Ihr Material eine leicht nachvollziehbare Ordnung.

Wenn Sie Ihren ersten Unterpunkt in 150 Worten ausgearbeitet haben, legen Sie diese Karte zur Seite und gehen zur nächsten Karte über, auf der der nächste Unterpunkt steht. Gehen Sie bei ihr genauso vor, bis Sie alle vier Unterpunkte, die Sie benutzen wollen, ausgearbeitet haben.

Ein fertig ausgearbeiteter Unterpunkt könnte ungefähr so aussehen. (Themensatz und Thesensatz werden ebenfalls angeführt, um Ihnen zu dem Thema eine Orientierungshilfe zu geben.)

Thema: Mein heutiger Vortrag geht über Organisation im persönlichen Bereich.

These: Ich glaube, daß ein persönliches Organisationssystem Ihr Leben bereichern kann.

Unterpunkt 1: Die Bedeutung eines Kalenders.

Hauptbestandteil des Systems ist der Jahreskalender. Dieser Kalender wird dazu benutzt, *Ziele festzulegen.* Er zwingt uns, uns selbst zu beobachten und unsere Ziele, und Pläne zu machen, um diese zu erreichen. Der Kalender stellt für uns einen Zeitplan dar, innerhalb dessen wir diese Ziele erreichen wollen. Das ist wichtig, denn er lenkt die Aufmerksamkeit von speziellen Alltagsaufgaben wie »Auto zur Reparaturwerkstatt bringen« auf wichtigere Aktivitäten.

Es ist sehr leicht, in die Falle zu geraten und jede Kleinigkeit aus unserem Tagespensum zu erledigen und doch, am Ende eines Jahres, das Gefühl zu haben, als hätten wir nichts Richtiges zustande gebracht. An dieser Stelle zeigte der Sprecher den Zuhörern ein Beispiel für einen Kalender mit verschiedenen Plänen und einer Erklärung:

Monatsplan

Tagesplan

Liste der zu tätigenden Anrufe

Sie sollten jetzt eine Reihe von Fakten und Zahlen zu den einzelnen Unterpunkten angesammelt haben. Fakten und Zahlen jedoch haben so lange keine Bedeutung, bis sie durch einen *zentralen Gedanken* zusammengeschweißt werden.

Verena G. ist Sozialarbeiterin in einem städtischen Krankenhaus. Verena und ein Kollege hatten geplant, eine Reihe von Arbeitskreisen zur Streßreduktion zu bilden, ein Thema, in dem Verena als Therapeutin große Erfahrung gesammelt hat.

Nach der ersten Veranstaltung nahm Verena sehr enttäuscht mit mir Kontakt auf. Ihre Teilnahme an dem Arbeitskreis war ein völliger Fehlschlag gewesen. Sie war sehr peinlich berührt, und der Gedanke, daß sie dies alles noch einmal tun sollte, machte sie krank.

Verena versuchte, ihr Problem darzustellen. Sie hatte eine große Menge Material gesammelt – Zahlen, Fakten, etc. –, alles, was ihr bei ihren Nachforschungen als sinnvoll erschien. Aber sie stand völlig unfähig vor der Aufgabe, dies alles ihrer Zuhörerschaft zu vermitteln. Was war schiefgegangen? Wie können wir zu Verenas Schwierigkeiten mit ihrem Vortrag vordringen? Als ich daran ging, Verenas Rede entsprechend der Abschnitte unseres Talk Power-Modells zu analysieren, bemerkte ich, daß sie, obwohl sie Unmengen an Material hatte, nie einen klaren zentralen Standpunkt oder eine These formuliert hatte. Das Ergebnis war, daß sie keine Einleitung zu ihrem Thema fand und keine Verbindungen zwischen den einzelnen Fakten, die sie vorstellte, hergestellt wurden.

Ich machte ihr dies deutlich. Für ihren nächsten Vortrag entwickelte sie eine Thesenaussage und erkannte, daß es möglich war, ihre Rede in eine Reihe von Unterpunkten aufzugliedern. Indem sie ihre These bei jedem Unterpunkt in Form des Themas wiederholte, gewann die vormals total unorganisierte Ansammlung von Informationen plötzlich Bedeutung. Ein sehr interessanter Vortrag entstand. Er wurde sehr wohlwollend aufgenommen, und Verenas Wunsch, mehr Vorträge zu halten und Arbeitskreise zu gestalten, hatte sich bedeutend verstärkt.

Die Botschaft der These

Jedesmal, wenn Sie den Zuhörern einen neuen Unterpunkt oder ein neues Argument vorstellen, sollten Sie irgendwo innerhalb dieses Abschnitts den ursprünglichen Thesensatz wiederholen. Dieser wiederholte Satz wird die *Thesen-Botschaft* genannt. Er greift das Thema Ihrer Rede wieder auf, die zentrale Aussage, die Sie Ihren Zuhörern übermitteln wollen. Er ist das Bindeglied, das all den Fakten und Statistiken, die sie in Ihrem Argumentationsabschnitt vorstellen, Bedeutung verschafft.

Die Beziehung zwischen Ihren Argumenten und Ihrer These zu finden, ist der letzte Schritt beim Schreiben des Argumentationsabschnitts Ihrer Rede. Er sollte unternommen werden, nachdem all Ihre Einzelpunkte vollkommen ausgearbeitet sind.

Lassen Sie uns einen Unterpunkt nehmen und vollständig untersuchen, damit Sie die darin liegenden Prinzipien erkennen. Wenn Sie wissen, wie man einen Punkt im Detail entwickelt, werden Sie in der Lage sein, die übrigen dementsprechend aufzubauen.

Übung 16: Wie Sie einen Unterpunkt mit Ihrer These verbinden.

1. Nehmen Sie eine Karte zur Hand, auf die Sie einen fertig ausgearbeiteten Unterpunkt geschrieben haben – 150 Worte – und lesen Sie sie gründlich durch. Nehmen Sie jetzt Ihren Thesensatz zur Hand und lesen Sie ihn erneut. Suchen Sie nach einer Verbindung zwischen Ihrem Unterpunkt und dem Thesensatz.

2. Schreiben Sie den Verbindungsgedanken in einem oder höchstens zwei Sätzen nieder. *Benutzen Sie Schlüsselworte, die aus der ursprünglichen These stammen.* Sie haben jetzt ihre Thesenaussage formuliert.

3. Suchen Sie jetzt eine Stelle in Ihrem Unterpunkt, wo Sie diesen Satz passenderweise einfügen können, so daß er einen Sinn ergibt und mit dem Rest der Information zusammenpaßt.

Um Ihnen eine bessere Vorstellung davon zu geben, wie dies gemacht wird, lassen Sie uns zurück zu dem Beispiel, das für die Ausarbeitung eines Unterpunkts benutzt wurde, gehen und nun diese Thesen-Botschaft (Aussage) einfügen.

Thema: Mein heutiger Vortrag geht über Organisation im persönlichen Bereich.
These: Ich glaube, daß ein persönliches Organisationssystem Ihr Leben bereichern kann.
Unterpunkt 1: Die Bedeutung eines Kalenders.
Hauptbestandteil des Systems ist der Jahreskalender. Dieser Kalender wird dazu benutzt, Ziele festzulegen. Er zwingt uns, uns selbst zu beobachten und unsere Ziele, und Pläne zu machen, um diese zu erreichen. Der Kalen-

der stellt für uns einen Zeitplan dar, innerhalb dessen wir diese Ziele erreichen wollen. Das ist wichtig, denn er lenkt die Aufmerksamkeit von speziellen Alltagsaufgaben wie »Auto zur Reparaturwerkstatt bringen« auf wichtigere Aktivitäten. Es ist sehr leicht, in die Falle zu geraten und jede Kleinigkeit aus unserem Tagespensum zu erledigen und doch, am Ende eines Jahres, das Gefühl zu haben, als hätten wir nichts Richtiges zustande gebracht. An dieser Stelle zeigte der Sprecher den Zuhörern ein Beispiel für einen Kalender mit verschiedenen Plänen und einer Erklärung;

Monatsplan
Tagesplan
Liste der zu tätigenden Anrufe

Botschaft: Sie haben jetzt die Grundlagen für ein Organisationssystem, das Klarheit in Ihre Lebensziele bringen wird und Ihr Leben bereichert. Wie Sie das System in Ihr eigenes Leben einfügen, hängt von Ihrem persönlichen Stil und Ihren Bedürfnissen ab. Der eine wird die Möglichkeit bevorzugen, die er bei einem großen Ringbuchkalender hat, der andere, dem dies zu groß und aufwendig ist, mag sich für einen kleinen Taschenkalender entscheiden.

Das wichtigste, woran Sie bei der Ausarbeitung eines Punktes denken müssen ist, daß dieser, ganz gleich, wovon er handelt, immer in irgendeiner Verbindung zu Ihrer These stehen muß. Mit anderen Worten, wenn Ihr Unterpunkt von der Bedeutung eines Kalenders handelt und in Ihrem Thesensatz festgestellt wird, daß ein persönliches Organisationssystem das Leben bereichern kann, dann muß in Ihrem Unterpunkt ein Satz stehen, in dem Sie die zentrale Aussage Ihres Thesensatzes mit Hilfe von Schlüsselworten wiederholen. Wenn Sie die Quintessenz Ihres Thesensatzes in einem Unterpunkt wiederholen, wird er zu einer Thesen-Aussage.

Hier ein Beispiel, wie Frau Dr. Lisa W., eine meiner Schülerinnen, für eine Rede über das Reisen mit der Bahn einen Unterpunkt ausarbeitete.

Lassen Sie uns mit dem Anfang, mit ihrer Einleitung, beginnen.

Einleitung: Eine bedeutende Zahl von Amerikanern leidet alljährlich unter Reisekrankheit. Tausende werden auf Schiffen seekrank, Zehntausenden wird im Flugzeug übel. Hunderttausende vertragen das Autofahren nicht, und Millionen Amerikanern wird jedes Jahr eine Busfahrt zur Qual.

(Pause)

Thema: Ich möchte heute abend zu Ihnen über das Bahnfahren sprechen.

(Pause)

These: Ich bin davon überzeugt, daß Züge dem Reisenden weit mehr Vorteile bieten können als jede andere Form des Reisens.

(Pause)

Hintergrund: Mein Interesse an Zügen erwachte, als ich ein Kind war und zu meinem Erstaunen entdeckte, daß es möglich ist, zu reisen und dabei nicht reisekrank zu werden. Das war nach Jahren, in denen ich mich in Autos, Bussen, Schiffen und Flugzeugen regelmäßig hatte übergeben müssen. Ich fühlte mich nicht nur sehr wohl in den Zügen, sondern ich konnte sogar essen und bedenkenlos lesen. Danach nutzte ich jede Gelegenheit, um mit dem Zug zu reisen.

Meine schönste Erfahrung machte ich, als ich vor Jahren in Skandinavien mit einem Eurail-Paß reiste. In Dänemark saß ich in einem phantastischen Zug mit Mahagoniverkleidung und -möbeln, plüschgepolsterten Sitzen und Messingblenden.

In Norwegen waren die Züge blitzsauber und modern, mit zauberhaften Speise- und Schlafwagen, und – natürlich – die Landschaft, an der wir vorüberfuhren, war atemberaubend. Ich freue mich darauf, mehr von diesem Land und Europa zu sehen – natürlich mit der Bahn.

(Pause)

Unterpunkt: Zugreisen ist außerordentlich komfortabel. Sie können auf Ihrem Platz lesen oder schreiben oder einfach nur die Landschaft genießen. Wenn Sie des Sitzens müde werden, können Sie von Waggon zu Waggon gehen und eine Zeitlang stehen, vielleicht auch das Fenster aufmachen, um etwas frische Luft hereinzulassen.

Wenn Sie Hunger haben, können Sie sich im Speisewagen niederlassen und eine ausgezeichnete Mahlzeit inmitten wunderschöner Umgebung zu sich nehmen. Und nachts können Sie in einem gemütlichen kleinen Schlafwagenabteil schlafen und morgens erfrischt aufwachen.

Thesenaussage: Ein Vorteil des Reisens mit dem Zug ist, daß es weitaus komfortabler ist als das Reisen mit jedem anderen Verkehrsmittel.

Wenn Sie an den Anfang dieser Rede zurückgehen, dann sehen Sie, daß die ursprüngliche Thesenaussage war: *»Ich bin der Meinung, daß Züge dem Reisenden weit mehr Vorteile* *bieten als alle anderen Formen des Transports.«* Erkennen Sie, wie die Thesenaussage das ursprüngliche Statement widerspiegelt?

Wenn Sie Ihre Thesenaussage in die letzte Zeile nehmen, dann ist dies in Ordnung. Die Thesenaussage kann jedoch ebenfalls in der ersten Zeile eines Unterpunktes oder in dessen Mitte auftauchen. Sie kann in Form einer Frage oder eines Statements erscheinen. Die Form oder Plazierung der Thesenaussage ist gleichgültig, solang sie in irgendeiner Form *einmal in jedem Ihrer Unterpunkte* auftaucht.

Genau aus diesem Grund, weil die Thesenaussage immer wiederholt wird, ist es wichtig, die These auf eine – und nur eine – Aussage (oder einen Standpunkt) zu beschränken.

Eine meiner Schülerinnen bereitete für Ihre Firma für eine Reise eine Rede vor. Ihre These lautete: *»Für den Touristen ist England als Reiseziel unübertroffen, und deshalb sollte jedermann dorthin fahren.«* Als sie soweit war, ihre These auszubauen, bekam sie Probleme. Warum? Sie saß auf zwei Stühlen gleichzeitig. Erst als sie beschloß, nur den Gedanken auszuarbeiten, daß England als Touristenziel unübertroffen sei, wurde ihre Aufgabe klarer. Der Gedanke, daß jeder dorthin fahren solle, mußte fallengelassen werden, denn er beinhaltete tatsächlich eine zweite These.

Übung 17: Fertigstellung Ihrer Unterpunkte

Wenden Sie sich wieder Ihren Unterpunkt-Karten zu. Indem Sie an immer nur einem Unterpunkt arbeiten, gehen Sie vor wie in Übung 16, in der Sie gelernt haben, wie Sie Ihre Thesenaussage mit einem Unterpunkt verknüpfen.

1. Lesen Sie die Stoffsammlung zu Ihrem Unterpunkt durch.

2. Lesen Sie Ihren Thesensatz.

3. Suchen Sie bei jedem der Unterpunkte die richtige Stelle, an der Sie sinnvoll Ihre Thesenaussage einfügen können.

Wenn Sie unter den von Ihnen aufgeschriebenen keine Stelle finden, an der Sie Ihren Thesensatz sinnvoll einfügen können, dann stimmt etwas nicht mit Ihrem Unterpunkt. Meistens bedeutet es, daß Sie so weit vom Thema abgewichen sind, daß Sie nicht mehr an der Rede schreiben, die Sie ursprünglich entworfen hatten. Wenn dies der Fall ist, dann löschen Sie diesen Punkt, gehen zu Ihrem Themensatz zurück und suchen Sie einen anderen Unterpunkt, der im Bereich des von Ihnen gewählten Themas liegt.

4. Sobald Sie das Gefühl haben, daß Ihr Unterpunkt einen zufriedenstellenden Sinn ergibt und daß er die Thesenaussage an der richtigen Stelle wiederholt, dann gehen Sie mit den anderen Karten in genau derselben Weise vor.

Wenn Sie die individuelle Ausarbeitung eines jeden Ihrer Unterpunkte beendet haben, werden Sie bemerken, daß Sie beim Übergang von einem Punkt zum nächsten keine Verbindungssätze oder sogenannte Brücken brauchen. Der Eindruck von Kontinuität wird durch die Wiederholung des Thesensatzes, die Sie in jedem Punkt eingeschlossen haben, vermittelt. Wenn Sie Ihre Rede üben, werden Sie zwischen jedem Punkt eine Pause von etwa fünf Sekunden benötigen. Denken Sie daran, diese Pause am Ende eines jeden Unterpunkts zu notieren. Schreiben Sie in großen Buchstaben auf Ihre Karte ERHOLUNGSPAUSE – BIS FÜNF ZÄHLEN.

Ordnung Ihrer Unterpunkte

Wenn Sie die Entwicklung Ihrer Punkte beendet haben, sammeln Sie alle Ihre Karten ein und lesen Sie sie durch, um sich zu versichern, daß sie in einer dynamischen, spannenden Reihenfolge angeordnet sind, vom weniger spannenden zum am meisten spannenden. Numerieren Sie die Karten entsprechend der Reihenfolge, für die Sie sich entschieden haben.

Wie wichtig der Aufbau einer Rede in Richtung auf ihren höchsten Spannungsmoment ist, kann anhand einer einfachen Analogie deutlich gemacht werden. Wenn Sie jemals ein Fußballspiel gesehen haben, bei dem eine Mannschaft in der ersten Halbzeit bereits mit fünf Toren Vorsprung führt, dann werden Sie bemerkt haben, daß die Zuschauer schon sehr früh das Stadion verlassen. Die große Spannung ist aus diesem Spiel bereits heraus. Wenn Sie bei einer Rede den spannendsten Teil zu früh bringen, dann werden die Zuhörer zwar sitzen bleiben – sie sind nicht so unhöflich, einfach hinauszugehen. Aber sie werden abschalten und nicht mehr auf das achten, was Sie sagen.

Übung 18: Probe

1. Setzen Sie sich hin. Zentrieren Sie sich.

2. Legen Sie Ihre Karten und Ihre Hände in den Schoß. Versuchen Sie, den Puls in Ihren Fingerspitzen zu spüren, ohne dabei Ihre Hände zu schütteln. Konzentrieren Sie sich auf das Kribbeln in Ihren Fingerspitzen.

3. Nehmen Sie Ihre Karte in die Hand und erheben Sie sich *ganz langsam.*

4. Stellen Sie sich hin und balancieren Sie Ihr Gewicht gleichmäßig auf beiden Beinen aus.

5. Beginnen Sie langsam, ganz natürlich zu laufen, bis Sie an dem Platz, von dem aus Sie sprechen wollen, angekommen sind.

6. Drehen Sie sich *langsam* um und blicken Sie Ihre vorgestellte Zuhörerschaft an, wobei Ihre Arme seitlich herunterhängen.

7. Gehen Sie Ihre Checkliste durch:

Mein Kopf fühlt sich ...
Meine Augen sind ...
Mein Mund ist ...
Meine Schultern ...
Mein Nacken ...
Meine Brust ...
Mein Herz ...
Meine Arme ...
Mein Bauch ...
Meine Hände ...
Meine Beine ...
Meine Knie ...
Meine Füße ...

8. Erzählen Sie jetzt Ihren Witz. Pause.

9. Sprechen Sie Ihren Themensatz und machen Sie eine Pause, dann Ihren Thesensatz und wieder eine Pause.

10. Lesen Sie Ihre Karten vor, wobei Sie von Zeit zu Zeit in Ihr Publikum sehen, bis Sie Ihren Hintergrunds- und Ihren Argumentationsabschnitt durchgegangen sind.

11. Gehen Sie jetzt auf Ihren Platz zurück. Setzen Sie sich zehn tiefe Atemzüge lang ruhig hin.

Fangen Sie wieder von vorn an und wiederholen Sie den gesamten Ablauf einmal.

Erfolgsbericht

Datum	Zeit	Schwachstelle gravierend	Schwachstelle weniger gravierend	Kommentar	Ruhig – Nervös (1–10)

Die Talk Power-Formel

Anfang:	*Einführende Worte* (1)
	Themensatz (2)
	Thesensatz (3)
Mittelteil:	*Hintergrund* (4)
	Argumentationsteil (5)
	Argument A
	Argument B
	Argument C
	Argument D
	Höhepunkt (6)
Schluß:	*Schluß* (7)

Der Höhepunkt (6) – Ihr letzter Punkt

Ihr allerletzter Punkt ist der Schluß. *Der Schluß ist Ihre letzte Gelegenheit, zu Ihren Zuhörern vorzudringen* – zu versuchen, sie zu überzeugen, zu überreden oder anzuregen. Es ist Ihre letzte Gelegenheit, Ihre Absicht auszuführen.

Selbst wenn Ihre These sich bisher als wirkungslos gezeigt hat, gibt Ihnen der Höhepunkt eine Chance, dies wiedergutzumachen und Ihre Zuhörer anzuregen.

Viele Leute heben sich den Höhepunkt Ihrer Rede für den Schluß auf. Dies wird im Talk Power-Modell nicht verlangt. Ein Schluß ist einfach nur eine Zusammenfassung und eine Verabschiedung. Wenn Sie einmal beim Schluß angekommen sind, haben Sie den Fuß bereits halb aus der Tür, und es ist sowohl sinnlos als auch unpassend, an dieser Stelle noch etwas Neues zu bringen.

Die richtige Stelle dafür ist der Höhepunkt.

Sie können einen Schlußeffekt auf viele verschiedene Arten schaffen – durch eine Anekdote von dramatischer Intensität, durch Zitate aus Zeitungsartikeln, eine schokkierende Statistik, Nachrichten über finanzielle Verluste oder Gewinne, den Bericht von einer wunderbaren Heilung oder von einer schrecklichen Enttäuschung, durch eine aufsehenerregende Ankündigung usw. All das sind mögliche Techniken zur Schaffung eines Höhepunkts. Der Höhepunkt sollte der Gipfel des Interesses und der Erregung in Ihrer Rede sein.

Wie bereits früher erwähnt, geht die Reihenfolge der Unterpunkte immer von dem am wenigsten bedeutenden zu dem, den Sie für den wichtigsten halten. Dies dient dazu, sich des Interesses und der Aufmerksamkeit der Zuhörerschaft zu versichern. Indem Sie Ihren Vortrag zunehmend spannender gestalten, erwecken und intensivieren Sie die Anteilnahme Ihrer Zuhörer.

Denken Sie daran, daß der Höhepunkt *ein Teil Ihres Argumentationsabschnitts* ist und kein eigener Abschnitt; richten Sie sich mit der Anzahl Ihrer Worte danach. Die Tatsache, daß der Höhepunkt der dramatischste und spannendste Augenblick Ihrer Rede sein soll, bedeutet nicht, daß Sie besonders viele Worte darauf verwenden sollen. Wenn Sie sich selbst in diesem Abschnitt erlauben, besonders wortreich zu sein, dann laufen Sie Gefahr, die Wirkung Ihres Höhepunkts zu verschenken.

Genau wie alle anderen Punkte in Ihrem Argumentationsabschnitt sollte der Höhepunkt auch Ihre Thesenaussage beinhalten. Diese mag in Form eines Statements oder einer Frage auftauchen, und sie kann am Anfang, in der Mitte oder am Ende plaziert sein. Aber sie muß darin eingeschlossen sein.

Hier ist ein Beispiel eines Höhepunkts, wie ihn Diana K. für ein Talk Power-Seminar entwickelt hat. Diana hielt einen Vortrag mit Vorführung über Avocadozucht.

»Wenn Sie diese Anweisungen befolgen, werden Sie innerhalb von zwei Jahren einen wunderschönen, üppigen Baum haben, der schnell und schön wächst. Sie werden stolz sein auf sich selbst, daß Sie in den ersten Monaten der Zucht geduldig und mutig genug waren.

Stellen Sie sich nun vor, Sie gehen mit Freunden, die voller Bewunderung für die vielen zauberhaften Pflanzen in Ihrem Garten sind, auf Ihre Veranda. Sie deuten auf die Avocadobäume und fragen: ›Was ist das für eine wunderbare Pflanze?‹

Mit zurückhaltendem Lächeln nehmen Sie das Lob dankbar entgegen und antworten: ›Warum, das ist mein preisgekrönter Avocadobaum. Ich habe ihn selbst gezogen.‹«

Übung 19: Verstärkung des Höhepunkts

Wenden Sie sich wieder Ihrer Rede zu und schauen Sie Ihre vier Unterpunkte an. Nehmen Sie jetzt Ihren letzten Punkt und überarbeiten Sie ihn, dramatisieren Sie ihn, so daß er noch spannungsgeladener wird, als er sowieso schon ist. Dies kann geschehen durch die Verwendung dramatischer Worte, durch farbigere Beschreibungen, aktive Verben usw. Wenn Sie das Gefühl haben, daß Ihr letzter Punkt sich nicht als erregender Höhepunkt aufbereiten läßt, dann ersetzen Sie ihn durch einen neuen

Punkt, eine Anekdote oder eine Information, die wirklich als Höhepunkt Ihrer Rede fungieren kann.

Denken Sie daran, daß Ihre Thesenaussage in Ihrem Höhepunkt berücksichtigt ist und daß Sie RUHEPAUSE – BIS FÜNF ZÄHLEN an seinem Ende notieren.
Sie sind jetzt bereit für eine komplette Wiederholung.

Übung 20: Probe

1. Setzen Sie sich hin. Zentrieren Sie sich.
2. Legen Sie Ihre Karten in den Schoß und konzentrieren Sie sich auf das Kribbeln in Ihren Fingerspitzen.
3. Nehmen Sie Ihre Karten in die Hand und erheben Sie sich ganz langsam.
4. Stellen Sie sich hin und balancieren Sie Ihr Gewicht gleichmäßig auf beiden Beinen aus.
5. Gehen Sie mit natürlichen, langsamen Schritten nach vorn vor Ihre vorgestellte Zuhörerschaft.
6. Drehen Sie sich langsam um und blicken Ihr vorgestelltes Publikum an, lassen Sie dabei Ihre Arme seitlich herunterhängen.
7. Gehen Sie Ihre Checkliste durch:

Mein Kopf fühlt sich ...
Meine Augen sind ...
Mein Mund ist ...
Meine Schultern ...
etc.

8. Sprechen Sie Ihre Einleitung. Pause.
9. Sprechen Sie mit Hilfe Ihrer Karten den Rest Ihrer Rede einschließlich des Höhepunkts. Vergessen Sie nicht, nach jedem Abschnitt oder Unterpunkt eine kurze Pause

zu machen. Denken Sie daran, von Zeit zu Zeit in Ihr Publikum zu sehen.

Erfolgsbericht

Datum	Zeit	Schwachstelle gravierend	Schwachstelle weniger gravierend	Kommentar	Ruhig – Nervös (1–10)

Wie man sich verabschiedet (Der Schluß)

Die Verabschiedung ist bei einer Rede oft ein Problem. Vielleicht haben Sie auch schon irritiert miterleben müssen, daß ein Redner plötzlich, aus dem Nichts heraus, ein abruptes »Vielen Dank« hervorstieß und mit der Schnelligkeit eines gehetzten Kaninchens das Rednerpult verließ. Eine Erfahrung, die fast jeder schon einmal hat machen müssen, ist die, sich »letzte Anmerkungen« anhören zu müssen, die nicht enden wollen, weil der Redner seine gesammelten Notizen noch einmal durchgeht und sich selbst und seine Zuhörer in Grund und Boden redet.

Das fehlende Wissen, wie man sich bei einer öffentlichen Rede verabschiedet, ist irgendwie nicht zu verstehen. Schließlich wissen die meisten Leute sehr genau, wie sie einen Geschäftsbrief oder einen Telefonanruf auf die richtige Weise beenden. Die Erklärung für die Schwierigkeiten, die dieselben Leute haben, wenn sie eine Rede halten, liegt wieder einmal in der Fremdartigkeit der Vortragssituation. Der Graben zwischen einem geschickten Ausklang einer Rede und einem allzu abrupten oder bandwurmartigen Ende kann, genau wie alle anderen Probleme innerhalb der Rede, durch zwei Dinge überwunden werden: durch die genaue Kenntnis der Anforderungen, die der Schluß einer Rede stellt, und durch klare, eindeutige Regeln, die zu deren Durchführung befolgt werden müssen.

Das Ziel Ihres Schlußsatzes ist es, Ihre Zuhörer wissen zu lassen, daß Ihre Rede zu Ende ist, eine kurze Zusammenfassung Ihrer letzten Punkte zu geben, Ihre

Thesenaussage zu wiederholen, also Ihre Rede zu beenden.

Der Schluß ist der letzte Abschnitt Ihrer Rede. Er ist vom letzten Wort Ihres Redehöhepunkts durch eine kurze Pause von einigen Sekunden getrennt. Genau wie Ihre einleitenden Worte am Anfang Ihrer Rede dazu dienen, sie Ihrer Zuhörerschaft vorzustellen und den Zuhörern Zeit zu geben, sich an Ihre Gegenwart zu gewöhnen, dient der Schluß dazu, Ihr Publikum auf Ihren Abgang vorzubereiten. Sie signalisieren ihm, daß Sie jetzt Ihre Position im Mittelpunkt der Aufmerksamkeit aufgeben. Ich bin der Meinung, daß, unabhängig davon, wie lang Ihre Rede gedauert hat, der Schluß nie mehr als 150 Wörter umfassen sollte. Wenn Ihnen 150 oder weniger Wörter nicht reichen, dann heißt dies wahrscheinlich, daß die einzelnen Punkte Ihrer Rede nicht klar genug auf ein Thema hin gerichtet waren. Halten Sie sich jedoch in Ihrem Schlußwort auch nicht zu kurz, sonst erscheint es Ihren Zuhörern zu abrupt. Am besten, Sie gehen den Mittelweg und behalten sich für Ihren Schluß zwischen 75 und 150 Worte vor – weder zu kurz noch zu lang.

Die Talk Power-Formel

Anfang: *Einführende Worte* (1)
Themensatz (2)
Thesensatz (3)

Mittelteil: *Hintergrund* (4)
Argumentationsteil (5)
Argument A
Argument B
Argument C
Argument D
Höhepunkt (6)

Schluß: *Schluß* (7)

In einem Schlußabschnitt werden *nie* neue Informationen gegeben. Fakten oder Statements, die im Hauptteil Ihrer Rede nicht ganz klar ausgeführt wurden, sollten vermieden werden. Vielleicht sagen Sie jetzt: »Aber ich möchte meinen Zuhörern etwas zum Nachdenken mitgeben.« Darauf kann ich nur antworten, wenn Sie ihnen im Hauptteil Ihrer Rede noch nichts zum Nachdenken gegeben haben, dann haben Sie Ihre Gelegenheit verpaßt; der richtige Moment dafür ist vorbei. Ihr Schluß faßt nur noch einmal Ihre wichtigsten Punkte zusammen. Er ist nicht der Ort, etwas Neues zur Diskussion zu stellen.

Halten Sie Ihren Schlußabschnitt in einem fließenden, ruhigen Ton. Vermeiden Sie bombastische oder schockierende Aussagen. Sie verwirren eine Zuhörerschaft – genau wie Sie – und wühlen sie nur auf.

Schluß-Variationen

Es gibt drei verschiedene Erscheinungsformen oder Variationsmöglichkeiten für den Schluß einer Rede:

1. Sie können die wichtigsten Punkte Ihrer Rede zusammenfassen. In diesem Fall sollte für jeden Punkt nicht mehr als ein Satz aufgewendet werden.
2. Sie können mit einer Anekdote oder Geschichte (höchstens 150 Worte) enden, die Ihre Rede abrundet.
3. Sie können mit einem passenden Zitat schließen, das zu Ihrer These paßt.

Beispiele

Zusammenfassung

Abschließend möchte ich die wichtigsten Punkte meiner Rede zusammenfassen:

1. Ich möchte betonen, daß das kritischste Element im Kampf gegen dieses Leiden die Aufklärung sowohl des medizinischen Personals als auch der Bevölkerung ist.
2. Obwohl Statistiken zeigen, daß von 14 Frauen eine Brustkrebs bekommt und diese hohe Zahl erschreckend ist, ist es wichtig, in den Familien eine entsprechende Aufklärung zu betreiben, ohne dabei Angst zu erwecken.
3. Um eine bessere Behandlung und Rehabilitation zu gewährleisten, sind Früherkennung und Diagnose von allergrößter Wichtigkeit.
4. Wenn alle Frauen sich wenigstens einmal im Monat einige Minuten Zeit nehmen würden, um Ihre Brust zu untersuchen, würden die Fälle von tödlichem Brustkrebs um Tausende zurückgehen.

(Wiederholung der These)

Geschichte
Lassen Sie mich Ihnen zum Schluß diese Geschichte erzählen:

Bob Gannon war ein schwerer Junge aus einem brutalen Viertel. Mit siebzehn trat er der United States Navy bei, wo er bei einem Programm für Amateurboxer teilnahm. Mit zwanzig heiratete er und war weiterhin bei den Golden Gloves und anderen Amateurbox-Turnieren aktiv. Er war 1,80 m groß und wog hundert Kilo. Eines Abends im Oktober 1978 stand Bob Gannon seinem Gegner gegenüber und ging auf ihn zu. Er schlug zweimal zu, beim zweiten Mal traf er den Kopf seines Gegners. Dieser fiel, um nie wieder aufzustehen. Bobs Gegner, sein achtjähriger Sohn, war tot – ein weiteres Opfer von Kindesmißhandlung.

Zitat
Ich bin nun am Ende meiner Rede angelangt und möchte sie gerne mit den Worten eines Liedes verlassen, die großen Eindruck auf mich gemacht haben. Sie stammen aus einem Lied von John Lennon und lauten: »Das Leben ist etwas, das geschieht, während du damit beschäftigt bist, andere Pläne zu schmieden.«

Ich glaube, wir müssen anfangen, uns damit zu beschäftigen, was wirklich in der Wirtschaft passiert, als uns immer nur mit Plänen und Statistiken zu beschäftigen.

Der *Zusammenfassungs*-Schluß endet hier mit einer Wiederholung der These.

Bei dem Beispiel, das eine *Geschichte* erzählt, bemerken Sie, daß diese eindringlich einen Fall von Kindesmißhandlung darstellt. Die dazugehörige Rede behandelt die

Notwendigkeit, dem Problem der Kindesmißhandlungen größere Aufmerksamkeit zu schenken. Der Schluß bezieht sich also auf die These. Bei dem Beispiel eines *Zitaten*-Schlusses ist der letzte Satz tatsächlich eine Wiederholung der These des Redners.

Jeder Schluß sollte irgendwie die These, auf die Ihre Zuhörer reagieren sollen, wiederholen oder verstärken.

Übung 21:
Wählen Sie eine der dargestellten Arten von Rede-Schlüssen aus und schreiben Sie einen kurzen Schluß für die Rede, an der Sie Ihr ganzes Trainingsprogramm hindurch gearbeitet haben. Vergessen Sie nicht, darin Ihre These zu erwähnen.

____

____

____

____

____

____

____

Haben Sie Ihr Vorhaben zu Ende gebracht?

Erinnerung: Ihre Absicht

Wenn Sie sich erinnern: In Kapitel fünf haben wir über die Absicht gesprochen, die Sie mit dem Schreiben Ihrer Rede verfolgen. Ich bat Sie, diese Absicht dadurch herauszufinden, daß Sie feststellen, was Sie von Ihren Zuhörern *erwarten*, nachdem diese Ihre Rede gehört hatten. Jetzt, da Sie Ihre Rede beendet haben, ist es wichtig, an diesen

Punkt zurückzukehren und Ihre Rede zu überprüfen. Stellen Sie sich Fragen: Kann meine These die Zuhörer tatsächlich dahingehend motivieren, daß diese entsprechend meiner Erwartungen aktiv werden oder reagieren? Berenice A., deren Absicht es war, zu einer Blutspende-Aktion aufzurufen, formulierte als These: »Ich finde, daß Blut der Saft des Lebens ist.« Als sie ihre Rede beendet hatte, mußte sie jedoch feststellen, daß zwar jedermann mit ihr einer Meinung war, daß Blut der Lebenssaft sei. Um ihre Zuhörerschaft aber zu eigenem Blutspenden zu veranlassen, brauchte sie eine stärkere, wesentlich direktere These. Deshalb änderte sie ihre These in »Ich finde, wir sollten alle mitmachen, um Blutspendeaktionen zu einem Erfolg werden zu lassen.« Es war nicht nötig, daß sie in ihrer Rede irgend etwas änderte, außer daß sie ihre neue These und die Thesenaussage an den entsprechenden Stellen der Punkte im Original änderte.

In einer Rede, die Sally T. für ihre örtliche Stadtteilversammlung vorbereitet hatte, benutzte sie die These »Ich bin der Meinung, daß Ampeln für Fußgänger genauso wichtig sind wie für Autofahrer.« Ja natürlich, Ampeln sind wichtig. Wer wäre mit diesem Statement nicht einverstanden? Was Sally wirklich sagen wollte war, daß kaputte Ampeln sofort registriert und repariert werden sollten. Als sie ihre These in »Ich glaube, daß kaputte Ampeln eine Gefahr für uns alle bedeuten«, änderte, wurde ihre Rede stärker. Sie trug wesentlich dazu bei, ihr Publikum zu motivieren, ein ständiges Komitee zur Überwachung der städtischen Ampelanlagen einzurichten.

Die folgende Übung wird Ihnen helfen, zu überprüfen, ob Sie tatsächlich das tun, was Sie vorhatten zu tun, d. h., ob Sie Ihrer Absicht gerecht werden.

Übung 22: Überprüfung Ihrer Absicht

1. Beantworten Sie die folgende Frage in bezug auf die von Ihnen vorbereitete Rede: *Was sollen Ihre Zuhörer im Idealfall tun, nachdem sie Ihre Rede gehört haben?*

Meine Zuhörer sollen ______________________________

____

2. Schreiben Sie den *Thesensatz* auf, den Sie in Ihrer Rede vortragen: ______________________________

____

Ist Ihre These so verfaßt, daß sie tatsächlich hilft, Ihre Absicht durchzusetzen? (Ja)/(Nein)

Ist Ihre These so klar ... bedeutend ... energiegeladen ... kraftvoll ... herausragend, wie möglich? (Ja)/(Nein)

3. Wenn beide Antworten ja lauten, dann lassen Sie Ihren Thesensatz so stehen.

Wenn eine der Antworten nein ist, was können Sie dann tun, um Ihren Thesensatz zu verbessern?

Neuer Thesensatz: ______________________________

____

____

Die Talk Power-Formel – Überblick

Die folgende Überblickskarte gibt Ihnen ein Bild davon, wie eine Rede *im ganzen* entsprechend der Talk Power-Formel zusammengesetzt ist.

Auf der linken Hälfte jeder Seite finden Sie eine kurze Beschreibung eines jeden Abschnitts der Rede. Auf der rechten Hälfte finden Sie in Form von kurzen Gedanken, *Selbstgesprächen*, eine schrittweise Analyse vor, die die

Absicht des Redners, der die einzelnen Abschnitte durchexerziert, erklärt.

Sie können jetzt eine komplette neue Rede schreiben.

Übung 23: Vorbereitung einer kompletten Rede
Stellen Sie sich vor, Sie hätten gerade durch Ihren Chef, Ihren Sportverein oder Ihren Club den Auftrag erhalten, eine Rede zu halten.

Stellen Sie eine komplette Rede zu einem Thema, mit dem Sie sehr vertraut sind, zusammen unter Benutzung der Handlungsformel.

1. Suchen Sie Ihr Thema aus.

Hier eine Auswahl möglicher Themen:

- Ihr Lieblingsrestaurant
- Ihr persönliches Haushaltssystem
- Ihre Haltung zur gegenwärtigen Wirtschaftslage
- Sie verkaufen ein Produkt
- Ein kontroverser Sachverhalt
- Ein Thema, das mit der Arbeit zu tun hat
- Sie versuchen, ein bestimmtes Wissen zu vermitteln
- Eine Rede, um Leute anzuwerben
- Die Bedeutung der Religion in Ihrem Leben
- Ihr favorisierter Sportclub
- Ihr Beruf

Die Talk Power-Formel und wie sie funktioniert

Beschreibung des Abschnitts

Teil 1 – Die Einleitung

		Gedanke
1. *Einleitende Worte* Die einleitenden Worte beginnen Ihre Rede. Sie können die Form eines Witzes, eines schockierenden Statements, einer rhetorischen Frage, eines Zitates usw. haben. Sie sollten nicht mehr als 150 Wörter (eine Redeminute) umfassen.	Ein Witz (Pause)	»Dieser Witz hilft den Zuhörern, die Aufmerksamkeit auf mich zu richten und auf das, was ich sage, ohne sich dabei gedrängt zu fühlen.«
2. *Themensatz* Der Themensatz legt die allgemeine Richtung der Rede fest. Er folgt auf den letzten Satz der einleitenden Worte und umfaßt einen Satz.	»Ich werde heute über ... sprechen« (Pause)	»Jetzt haben die Zuhörer Gelegenheit gehabt, mich zu hören und zu sehen. Jetzt werde ich Ihre Aufmerksamkeit auf den allgemeinen Bereich meiner Rede lenken.«
3. *Thesensatz* Der Thesensatz bringt Ihren zentralen Standpunkt zu dem Thema. Er folgt auf den Themensatz und ist ebenfalls ein einzelner erklärender Satz. Er beginnt mit »Ich finde« oder »Ich bin der Meinung« oder »Ich glaube«.	»Ich finde, daß ...«	»Ich muß jetzt meine eigenen Empfindungen zu dem Thema deutlich machen, damit meine Zuhörer meiner Argumentation richtig und ohne Probleme folgen können. Wenn sie meinen Standpunkt genau kennen, ist es leichter für sie, zu verstehen und zu erinnern, was ich sage.«

4. *Hintergrund*
Der Hintergrundabschnitt antwortet auf eine dieser drei Fragen:
1. Warum spreche ich zu diesem Thema? (Individueller Ansatz)
2. Warum ist meine Firma an diesem Thema interessiert? (Gemeinschaftsansatz)
3. Warum ist das Thema an sich interessant? (Historischer Ansatz – ein kurzer Überblick über die Geschichte dieses Themas)
Der Hintergrund umfaßt maximal 150 und mindestens 75 Wörter.

(Pause)

»Jetzt muß ich etwas über mich selbst mitteilen, denn ich möchte, daß die Zuhörer spüren, daß ich kein Fremder bin. Je mehr sie sich für mich oder mein Thema interessieren, desto bereitwilliger werden sie dem zuhören, was ich später in meiner Rede zu sagen habe. In diesem Abschnitt brauche ich nicht für meinen Standpunkt zu argumentieren.«

5. *Der Argumentationsabschnitt*
Sie können in Ihrer Rede bis zu sieben Unterpunkte oder Argumente bringen, je nachdem, wie lang Sie sprechen wollen.

Punkt A
Dies ist der erste Punkt, den Sie aus Ihrem Brainstorming zum Thema ausgewählt haben. Sie arbeiten diesen Punkt in 150 oder mehr Wörtern aus, je nachdem, wie

Erster Punkt

»Ich beginne jetzt, meine Rede mittels eines schrittweisen Vorgehens zu entwickeln. Ich glaube, die Zuhörer müßten jetzt wirklich bereit sein, mir ihre volle Aufmerksamkeit zukommen zu lassen, und ich kann komplexere Gedanken in meine Rede aufnehmen. Das Wiederholen meiner These an einigen Stellen wird mir helfen, die richtige Richtung einzuhalten, damit ich nicht zu weit von meinem zentralen Standpunkt abweiche.«

lang Sie sprechen wollen.	(Pause)	
Punkt B Dies ist der zweite Punkt bzw. Argument. Er ist etwas spannender als der erste. Noch einmal: Denken Sie daran, wann immer möglich Ihren Thesensatz einzubauen. (Sie können auch diesen Punkt länger machen und dafür den dritten Punkt streichen.)	*Zweiter Punkt* (Pause)	»Ich werde meinem Publikum jetzt einen weiteren Aspekt meines Themas darlegen. Wenn ich meinen Thesensatz wiederhole, klingt es wie ein Thema, das meinen Zuhörern mehr und mehr vertraut ist.«
Punkt C Dies ist der dritte Punkt. Er entwickelt die Rede weiter. Optische Hilfsmittel, an dieser Stelle eingesetzt, verstärken mit Sicherheit das Interesse der Zuhörer. (Aber denken Sie an Ihren Wortvorrat.)	*Dritter Punkt* (Pause)	»Ich habe versucht, alle relevanten Aspekte zu dem Thema darzustellen, damit mein Publikum sich ein möglichst vollständiges Bild machen kann. Ich habe das Gefühl, daß jetzt alle Einzelteile zusammenpassen und mein Publikum den Gedankengang hinter meiner These versteht.«
6. *Höhepunkt* Dies ist der Höhepunkt der Rede. Obwohl dieser Höhepunkt alle Charakteristika eines Unterpunkts hat, denken Sie daran, daß dies Ihr letzter Punkt ist – er		»Dieser Höhepunkt wird mir dabei helfen, meine Zuhörer zu motivieren. Ich habe meine Rede langsam in Richtung auf diesen Höhepunkt hin aufgebaut. Ich kann spüren, wie meine Zuhörer intensiv jedes ein-

muß möglichst dramatisch und erregend sein. Achten Sie darauf, daß Sie Ihren Thesensatz darin unterbringen.

zelne Wort, das ich sage, aufnehmen. Dies ist meine letzte Gelegenheit, meine Argumentation anzubringen. Ich möchte, daß meine Zuhörer sich daran erinnern, weshalb ich hierher gekommen bin, um zu ihnen zu sprechen – und daß sie sich an mich erinnern.«

(Pause)

Teil 3 – Schluß

7. *Schluß*
   Dies ist der allerletzte Abschnitt Ihrer Rede. Sie bereiten Ihren Abgang vor, indem Sie die Hauptargumente Ihrer Rede zusammenfassen oder indem Sie einen der anderen Vorschläge, sich von Ihrer Zuhörerschaft angemessen und kurz zu verabschieden, befolgen. (Gebrauchen Sie dafür nicht mehr als 150 Wörter.)

»Mein Schluß gibt meinen Zuhörern zu verstehen, daß meine Rede praktisch zu Ende ist. Es war interessant. Aber ich beginne jetzt langsam, zusammenzupacken. Ich habe ein Gefühl der Gemeinsamkeit mit den Zuhörern – ich habe mein Bestes gegeben, um meine Botschaft auf interessante und informative Weise zu übermitteln.«

2. Bereiten Sie Ihren Einleitungsabschnitt vor (höchstens 150, mindestens 75 Wörter).

3. Schreiben Sie Ihren Themensatz nieder – »Ich werde heute über ... sprechen«.

4. Schreiben Sie Ihren Thesensatz nieder – »Ich bin der Meinung, daß ... «

5. Stellen Sie Ihren Hintergrundsabschnitt zusammen (maximal 150, mindestens 75 Wörter) – Warum halten Sie diese Rede, wodurch haben Sie mit diesem Gegenstand zu tun, warum interessiert sich Ihre Firma für dieses Thema usw.

6. Lassen Sie sich zwanzig Unterpunkte einfallen. Lassen Sie sich für Ihr Brainstorming nur zehn Minuten Zeit.

7. Greifen Sie interessante Unterpunkte heraus, die Sie in Ihrer Rede darstellen wollen. (Heben Sie sich einen Unterpunkt für Ihren Höhepunkt auf.)

8. Arbeiten Sie jeden Unterpunkt aus (höchstens 150, mindestens 75 Wörter). Achten Sie darauf, in jedem Unterpunkt mit einem Satz Ihre These zu erwähnen.

9. Fügen Sie Ihren Höhepunkt an. Denken Sie daran: Er sollte der spannendste, emotionell erregendste Abschnitt in Ihrer Rede sein.

10. Enden Sie mit Ihrem Schlußwort (höchstens 150, mindestens 75 Worte).

11. Fügen Sie am Ende jedes Abschnitts die Worte ERHOLUNGSPAUSE – BIS FÜNF ZÄHLEN an.

12. Gehen Sie jetzt das Ganze einmal durch.

Probe

- Setzen Sie sich hin. Zentrieren Sie sich.
- Legen Sie Ihre Karten in den Schoß und konzentrieren Sie sich auf das Pulsieren in Ihren Fingerspitzen.
- Nehmen Sie Ihre Karten in die Hand und erheben Sie sich ganz langsam.
- Stellen Sie sich hin und balancieren Sie Ihr Gewicht gleichmäßig auf beiden Beinen aus.
- Gehen Sie mit langsamen und natürlichen Schritten nach vorn vor Ihr vorgestelltes Publikum und konzentrieren Sie sich dabei auf Ihre Fingerspitzen.
- Drehen Sie sich langsam herum und blicken Sie Ihr imaginäres Publikum an, lassen Sie dabei Ihre Arme seitlich herunterhängen.
- Gehen Sie Ihre Checkliste durch:

Mein Kopf fühlt sich ...
Meine Augen sind ...
Mein Mund ist ...
usw.

- Beginnen Sie jetzt mit Ihrem Vortrag. Versuchen Sie, nicht auf Ihre Karten zu sehen, bis Sie zu Ihrem Hintergrundsabschnitt kommen. Wenn Sie dort angekommen sind, können Sie von Ihren Karten ablesen, aber vergessen Sie nicht, von Zeit zu Zeit Ihre Zuhörer anzusehen.
- Gehen Sie Ihre ganze Rede durch und denken Sie dabei daran, nach jedem Abschnitt eine kurze Pause zu machen. Gehen Sie dann an Ihren Platz zurück.

Erfolgsbericht

Datum	Zeit	Schwachstelle gravierend	Schwachstelle weniger gravierend	Kommentar	Ruhig – Nervös (1–10)

Der Gebrauch optischer Hilfsmittel

Wenn Sie vorhaben, eine Rede von fünf Minuten Dauer oder länger zu halten, dann sind Sie gut beraten, wenn Sie optische Hilfsmittel als Teil Ihres Vortrages in Erwägung ziehen.

Optische Hilfsmittel sind alle Arten von Bildern, Gegenständen, Kunstprodukten, Faltkarten, Illustrationen, Transparenten oder Projektionen, die Sie Ihren Zuhörern im Verlauf Ihrer Rede zeigen bzw. vorführen könnten. Manche Leute scheinen der Meinung zu sein, daß ein audiovisuelles Bombardement einen schlechten Vortragsstil kaschieren kann. Das ist nicht der Fall. Stellen Sie sich vor, der alljährliche Bericht des Kanzlers zur Lage der Nation würde von den Walt Disney-Studios geschrieben, produziert und präsentiert. Und dann stellen Sie sich Ihre Reaktion auf einen stammelnden Redner vor, der zu nichts anderem fähig ist, als immerzu auf das Material der Disney-Studios zu verweisen. Es wird Ihnen sofort klar, weshalb die Hoffnung, sich hinter optischen Hilfsmitteln zu verstecken, zu audiovisuellem Selbstmord führen kann. Ihre Angst mag zwar verringert werden, aber es wird Ihnen nicht gelingen, Ihre Produkte oder Gedanken effektiv an den Mann zu bringen.

Dies berücksichtigend lassen Sie uns jetzt die Frage nach den optischen Hilfsmitteln von einem realistischen und sensiblen Standpunkt aus betrachten.

Der Zweck von optischen Hilfsmitteln ist es, Ihre Rede vielgestaltiger zu machen und Ihren Standpunkt zu veranschaulichen und klarer zu machen. Wenn Sie jedoch Ihre Hilfsmittel schlampig oder nervös handhaben oder wenn diese zu klein sind, um für die Zuhörer leicht erkennbar zu sein, dann können sie mehr ein Hindernis als ein Hilfsmittel sein.

Welche optischen Hilfsmittel sind geeignet? Zunächst müssen alle Bilder und Poster groß genug sein, damit Ihre Zuhörer sie erkennen können. Eine wirkungsvolle Technik bei der Benutzung von Posters ist es, diese vor einen dunklen Hintergrund oder eine Tafel zu hängen und sie mit einem großen Blatt Papier zu verhängen, das Sie leicht herunterziehen können, wenn Sie sie Ihren Zuhörern vorführen wollen.

Einer meiner Studenten benutzte bei einer Rede über die eskalierenden Ölpreise der OPEC eine große Karte, auf der die OPEC-Preise in senkrechten, nebeneinanderstehenden, zwei Zentimeter breiten Säulen abgebildet ren. Jede Säule stand für einen Jahrespreis. Dann klebte er über jede Säule einen ebenfalls etwa zwei Zentimeter breiten Streifen Papier. In seiner Rede ging er von Jahr zu Jahr und zog nacheinander einen Papierstreifen nach dem anderen ab, um so auf drastische Weise die eskalierenden Ölpreise zu enthüllen. Seine Technik war sehr wirkungsvoll und verdeutlichte seine These auf außergewöhnliche Weise.

Wenn wir die Handhabung optischer Hilfsmittel betrachten, muß noch einmal auf die Rolle des Vortragenden hingewiesen werden. Ihr Handeln ist nicht sozial, Sie stehen nicht in der Gemeinschaft. Deshalb muß die Art, wie Sie Gegenstände aufheben, wie Sie sie Ihren Zuhörern zeigen, und die Geschwindigkeit, mit der Sie einen Zeigestab über eine Karte oder eine Tafel wandern lassen, anders sein, als sie dies in einer alltäglichen sozialen Situation wäre. Alle optischen Hilfsmittel werden zur Demonstration benutzt. Um etwas zu zeigen, müssen Sie sich das Gewicht des Objekts, das Sie in der Hand halten, sehr bewußt machen. Und das Tempo, mit dem Sie das Objekt bewegen oder daran arbeiten, muß so langsam sein, daß Sie sicher sein können, daß die Aufmerksamkeit Ihres Publikums genau da ist, wo Sie sie haben wollen.

Ein Zauberer, der Taschenspieler-Tricks vorführt, bewegt seine Hände so schnell, daß das Publikum keine Zeit hat, zu sehen, was er tut. Sie wollen genau das Gegenteil. Wenn Sie ein Hilfsmittel vorführen, um damit Ihre Rede zu begleiten, müssen Sie sich mit extremer Langsamkeit bewegen, damit die Zuhörer sehen, was Sie ihnen zeigen wollen. Dies ist besonders wichtig, wenn Sie Graphiken und Karten benutzen. Jemand, der seinen Zeigestab oder Stift zu schnell über eine Karte oder Graphik gleiten läßt, kann sicher sein, daß keiner aus dem Publikum ihm folgen kann.

Alle Bewegungen mit einem Zeigestab sollten in Zeitlupe ablaufen. Da Ihre Redegeschwindigkeit normal ist und nicht so langsam wie Ihre Bewegungen, müssen Pausen in Ihrer Rede sein, damit das Publikum Zeit genug hat, zu sehen und aufzunehmen, was Sie ihm zeigen wollen.

Der größte Fehler, den unerfahrene Redner bei der Benutzung optischer Hilfsmittel machen können, ist, zu schnell zu sein. Behandeln Sie jeden Gegenstand, den Sie in die Hand nehmen, als gewichtige Masse im Raum. Bewegen Sie den Gegenstand langsam von rechts nach links, drehen Sie ihn und wiederholen Sie diesen Ablauf. Sie können gleichzeitig sprechen oder auch nicht, wie es Ihnen für richtig erscheint. Wenn Sie sprechen, dann erscheint eine Beschreibung Ihres Gegenstands – die Sie immer im voraus vorbereitet haben – angebracht. Sorgen

Sie vor Beginn Ihrer Rede dafür, daß sich in Ihrer Nähe ein Tisch oder Stuhl befindet, damit Sie den Gegenstand nach Beendigung Ihrer Vorführung vorsichtig ablegen können. Wenn Sie beabsichtigen, Ihrem Publikum Unterlagen in die Hand zu geben, geben Sie sie ihm *nicht* während Ihres Vortrags. Die Leute fangen sonst an zu lesen, und Sie haben kein Publikum mehr. Wenn Sie eine Karte oder eine Graphik benutzen, arbeiten Sie mit einem Zeigestab oder einem langen Stift. Zeigen Sie nie mit dem Finger oder der Hand. Denken Sie immer daran: Machen Sie *sehr langsame* Bewegungen.

Elektronische Hilfsmittel

In unserem technologischen Zeitalter wird es immer mehr üblich, Dias, Filme, Videos und Tonbänder zu benutzen, um eine Rede oder einen Vortrag lebendiger zu gestalten. Eine Reihe von Dias oder ein kurzer Film ziehen eine Zuhörerschaft viel tiefer in das Thema hinein, das ihm vorgetragen wird. Tonbänder ermöglichen, bestimmte Dinge zu erörtern – ein Vergleich der Gesangsstile von Maria Callas, Joan Sutherland und Beverly Sills z.B. –, an die man sich anders schlecht annähern könnte. Aber elektronische Hilfsmittel haben ebenso ihre Tücken und erfordern ein gutes Wissen über ihre Funktionsweise und zusätzliche Vorbereitungen, damit sie fließend in die Rede als Ganzes eingebaut werden können. Als erstes muß man verstanden haben, daß solches Material vergeudet ist und Verwirrung stiften kann, wenn es nicht direkt an einen Punkt der mündlichen Rede angeknüpft wird. Wenn Sie beispielsweise mit Dias arbeiten, sollten diese sparsam benutzt werden und auch nur dann, wenn sie zur Sprache gehören. Andernfalls werden Ihre Zuhörer schnell so gelangweilt sein, wie bei einer halbstündigen Dia-Vorführung der Nachbarn von deren Sommerurlaub am Grand Canyon. Ein Dia, das nicht zur Illustration eines bestimmten Punktes dient, hat in einer Rede nichts zu suchen.

Ähnlich kann auch ein kurzer Film die Wirkung einer Zwanzig- oder Dreißigminutenrede wesentlich verbessern. Aber allzu oft werden Filme den Zuhörern zur falschen Zeit gezeigt. Ein Film wird durch seine eigene Natur automatisch Höhepunkt einer Rede sein. Oft sind jedoch Redner versucht, einen Film am Anfang Ihrer Rede zu zeigen. Dies ist ein Fehler, aus verschiedenen Gründen. Zunächst werden die Zuhörer die Bedeutung eines Films nicht voll aufnehmen oder verstehen, wenn sie auf seinen Inhalt nicht vorbereitet sind. Sie werden sich fragen, was dahinter steckt, auf was sie besonders achten sollten. Wenn ein Film am Anfang einer Rede gezeigt wird, dann erweckt der folgende Teil des Vortrags leicht den Eindruck eines Abstiegs. Unter Umständen verwirrt es auch die Zuhörer, wenn Sie sich auf Teile des Films beziehen, die diese nicht verstanden haben. Ein Film hat eine wesentlich größere Wirkung, wenn er am Ende einer Rede gezeigt wird. Er dient dann dem Redner als Höhepunkt. Nach ihm folgt nur noch ein kurzer Schluß.

Der Redner muß nicht nur dafür sorgen, daß seine Zuhörer auf die Dias, Filme oder Tonbänder, die eingesetzt werden sollen, richtig vorbereitet sind, und daß diese Hilfsmittel auch dazu dienen, bestimmte Argumente zu unterstützen, sondern er muß sich auch versichern, daß er mit dem erforderlichen Gerät umzugehen weiß. Für eine

Zuhörerschaft gibt es nichts Verwirrenderes oder Lästigeres als Dias, die in falscher Reihenfolge sind oder auf dem Kopf stehen, oder ein Film, der erst zurückgespult werden muß, oder ein Tonband, auf dem der Redner erst die richtige Stelle suchen muß. Sorgfältige Vorbereitung und zusätzliche Übungszeit sind notwendig, um sicherzugehen, daß alles wie geplant funktioniert.

Wenn Sie Ihre eigenen Geräte – Projektor, Filmausrüstung oder Tonband – mitbringen, werden Sie wissen, wie diese funktionieren. Wenn aber diese Ausrüstung von der Gruppe zur Verfügung gestellt wurde, zu der Sie sprechen, sollten Sie es sich so einrichten, daß Sie frühzeitig genug ankommen, damit Sie ausreichend Zeit haben, sich mit den Geräten vertraut zu machen. Wenn jemand anders für Sie den Dia- oder Filmprojektor bedient, sollten Sie sich die Zeit nehmen, ihm vor dem Vortrag zu erklären, was Sie vorhaben. Außerdem sollte derjenige, der einen Diaprojektor für Sie bedient, immer eine Kopie Ihrer Rede erhalten, in der die Stellen, an denen Dias gezeigt werden sollen, gut gekennzeichnet sind. Jedes Dia sollte mit einer Nummer versehen sein. Dieselbe Nummer markiert im Text die Stelle, an der das Dia gezeigt werden soll.

Solche Vorbereitungen sind wichtig für einen flüssigen Ablauf des Vortrags. Sie sollten nie versuchen, elektronische Hilfsmittel zu benutzen, ohne sich die Zeit genommen zu haben, genauso wie für jeden anderen Aspekt Ihrer Rede Vorbereitungen zu treffen und zu üben.

Die Vorführungs-Rede (Anleitung)

Eine der besten Arten, Vertrauen in einen Vortrag zu erlangen, bei dem etwas vermittelt, demonstriert oder unterrichtet werden soll, ist, einen Test durchzuführen. Diese Art von Vortrag ist eine der beliebtesten in meinen Seminaren, denn sie gibt meinen Studenten Gelegenheit, ein Hobby oder eine Fertigkeit, mit der sie sehr vertraut sind und wo sie sich gut auskennen, zu beschreiben und vorzuführen. Diese Rede soll ein Arbeitsmodell sein für jede Art von Vorführungs-/Lehr-Vortrag, den Sie je zu halten haben. Die Fähigkeit, z.B. Laien technische Vorgänge erklären zu können, kann ein großer Vorteil sein. Die in diesem Kapitel dargestellten Regeln für den Aufbau eines Vortrags, bei dem komplizierte Vorgänge einfach dargestellt werden, können für jede Art von technischen Beschreibungen angewendet werden. Das Wichtigste dabei ist, die Informationen so leicht verständlich zu verpacken, daß die Zuhörer diese verstehen können.

Hier eine Reihe von Anleitungen, die meine Studenten und Kunden für ihren Vortrag ausgewählt haben:

Wie man im Haushalt Energie spart
Wie repariere ich mein Auto selbst?
Wie erstelle ich ein Horoskop?
Wie legt man ein Gewächshaus an?
Wie braue ich Bier selbst?
Worauf muß man beim Kauf eines Fernsehgerätes achten?
Wie mache ich mein Fahrzeug wintertauglich?
Worauf muß ich beim Einpacken von Geschenken achten?

Was brauche ich in einer Hausapotheke?
Wie lege ich mein Geld sinnvoll an?
Wie teile ich meine Freizeit sinnvoll ein?
Welche Werkzeuge braucht eine Hobbywerkstatt?
Wie decke ich den Tisch, wenn ich meine Schwiegermutter erstmals zu Besuch erwarte?
Von welchen Krankheiten ist meine Katze bedroht?
Wie fertige ich einen Lohnsteuer-Jahresausgleich?
Wie spare ich beim Einkaufen?
Wie organisiert man eine Fahrgemeinschaft?
Wie man Wildgänse jagt
Wie organisiere ich eine Autorallye?
Wie schneide ich meine Haare selbst?
Wie organisiert man eine Musik-Gruppe?
Wie halte ich eine Rede?

Dies ist nur eine Auswahl aus den Hunderten von Themen dieser Art, die in meinen Seminaren vorgetragen wurden. In all den Jahren, in denen ich Redner-Seminare gegeben habe, habe ich niemanden getroffen, der nicht wenigstens auf einem Gebiet besondere Fähigkeiten vorweisen konnte oder ein besonderes Interesse zeigte.

Beispiel einer Unterweisungs-Rede

Einführende Worte: Ich schätze die chinesische Küche ganz besonders. Es geschieht oft, daß ich spät abends in meiner Wohnung sitze und ein plötzliches, erbarmungsloses Verlangen nach süßsaurem Schweinefleisch oder einer Frühlingsrolle verspüre. Vor ein paar Jahren, als meine Ehe wegen meiner ausgiebigen Touren durch Chinatown in

Gefahr geraten war, schenkte mir ein Freund einen Wok. Seither habe ich ein nicht unbeträchtliches Talent in der Zubereitung chinesischer Gerichte entwickelt.

(Pause)

Thema: Mein heutiger Vortrag geht über die Zubereitung von Huhn mit Gemüse und Erdnüssen nach Szechuan-Art.

(Pause)

These: Ich glaube, daß die Zubereitung köstlicher chinesischer Gerichte einfach sein und Spaß machen kann.

(Pause)

Hintergrund: Mein Interesse an der chinesischen Küche erwachte vor zehn Jahren, als ich im Studentenwohnheim mit einem Chinesen zusammenwohnte. Dieser konnte in seinem Zaubergerät, dem Wok, viele ausgezeichnete (und, für uns das Wichtigste: preiswerte) Gerichte zubereiten. Mit einer großen Begeisterung für die chinesische Küche und meinen begrenzten Mitteln wurde ich zu seinem aufmerksamen Schüler. Bald merkte ich auch, wie nützlich diese Fertigkeit meines Freundes bei der Planung romantischer Abende war. Meine neuen kulinarischen Fähigkeiten brachten mir im Wohnheim eine Popularität ein, die ich nie zuvor genossen hatte. Nach Abschluß meines Studiums brachte ich meine Kochkunst nur noch selten zur Geltung, bis mir der Wok geschenkt wurde. Heute benutze ich meinen Wok mindestens einmal in der Woche.

(Pause)

Unterpunkt/Argumentationsabschnitt: Um sicherzugehen, daß die Zubereitung Spaß macht und so einfach wie möglich ist, ist es sehr wichtig, die richtigen Utensilien und alle Zutaten zum Gebrauch herzurichten. Das eigentliche Braten, das bei sehr hoher Hitze geschieht, braucht nur sehr wenig Zeit; dies ist das Geheimnis des frischen Geschmacks und der knusprigen Beschaffenheit im Wok zubereiteter Gerichte. Die meiste Zeit des Kochens ist der sorgfältigen Zubereitung gewidmet.

Die Utensilien, die Sie brauchen, sind ein Wok mit Deckel, ein großer Topf, Wok-Besteck (ein großer Löffel und ein Spachtel gehen auch), ein Schneidebrett, ein gutes und scharfes Messer, Meßlöffel, eine Meßtasse und sieben Schüsselchen und/oder Tassen für die Zutaten (halten Sie jedes erwähnte Gerät hoch).

Sie brauchen folgende Zutaten:

Zwei Hühnerbrüste
zwei Schalotten
eine Knoblauchzehe
zwei rote Chillischoten (oder ¼ Teelöffel Cayennepfeffer)
zwölf frische Erbsenschoten
¼ Tasse gehackten Sellerie
¼ Tasse gehackte Pilze
¼ Tasse gehackte Zwiebel
½ Tasse Bambussprossen (wenn möglich frisch, sonst aus der Dose)
½ Tasse Broccoli
2 Teelöffel Maismehl
½ Tasse starke Hühnerbrühe
1 Schnitz frischen Ingwer
½ Tasse geschälte Erdnüsse
Honig
Soyasauce

Sesam oder Maiskeimöl
Reiswein oder trockener Sherry

(Pause)

Im nächsten Schritt werden alle Zutaten zubereitet, geschnitten, gemischt und zum Kochen in sieben Schüsseln aufgeteilt. Würfeln Sie das Hühnerfleisch und legen Sie es in eine Schüssel. Schneiden Sie die Schalotten und den Knoblauch und halbieren Sie die Pfefferschoten. Legen Sie sie zusammen in eine kleine Schüssel. Mischen Sie Erbsen, Sellerie, Pilze, Zwiebeln, Bambussprossen und Broccoli in einer großen Schüssel. Vermischen Sie die zwei Teelöffel Maismehl mit zwei Teelöffeln Wasser und einem Teelöffel Honig in einer kleinen Schüssel. Bereiten Sie die Hühnerbrühe zu und stellen Sie sie beiseite. Zerreiben Sie den Ingwer mit dem Spachtel (dann erhalten Sie beim Kochen mehr Aroma). Schälen Sie die Erdnüsse und stellen Sie sie bereit.

All dies macht am meisten Spaß, wenn Sie sich genügend Zeit für die Zubereitung der Zutaten nehmen, so daß Sie sich nicht gehetzt oder unter Druck fühlen.

(Pause)

Das Kochen der Gemüse sollte zeitlich mit größter Genauigkeit ablaufen. Dies ist viel leichter, als es klingt. Gießen Sie in den Wok einen Teelöffel Öl und bringen Sie ihn auf mittlere Hitze. Fügen Sie die Ingwerwurzel und einen Teelöffel Soyasauce zu. Braten Sie das Ganze 15 Sekunden lang. Fügen Sie das Gemüse (Erbsen- und Bohnen-Gemisch) zu und kochen Sie es 30 Sekunden lang. Nun folgt die Hühnerbrühe. Kochen Sie mit Deckel zwei Minuten lang. Füllen Sie das Gemüse und die Brühe in den Topf.

Jetzt ist es Zeit, das Hühnerfleisch zu kochen. Erhitzen

Sie den Wok mit einem Teelöffel Öl. Fügen Sie einen Teelöffel Soyasauce und die Schalotten-Knoblauch-Pfeffer-Mischung zu. Kochen Sie 15 Sekunden lang. Gießen Sie einen Eßlöffel Sherry oder Reiswein zu, legen das Hühnerfleisch hinein und kochen zwei Minuten lang. Darauf folgen die Erdnüsse, die Sie fünfzehn Sekunden lang kochen. Fügen Sie das Gemüse hinzu und erhitzen Sie, bis dieses heiß ist. Schließlich kommt die Maismehl-Mischung hinzu, die das Ganze bindet. Sobald der Eintopf eine dickflüssige Konsistenz hat, ist das Gericht fertig.

(Pause)

Solch ein kulinarisches Meisterwerk zu servieren, bereitet mir immer wieder Vergnügen. Meistens bringe ich es zu Tisch, sobald es fertig ist, obwohl es sich leicht, ohne dabei an Geschmack zu verlieren, erhitzen läßt. Servieren Sie es mit Reis (ich bevorzuge braunen Reis) und Bier oder einem leichten Weißwein (nicht zu süß). Abgesehen davon, für welches Getränk Sie sich entscheiden, sorgen Sie dafür, daß Sie genügend viel davon vorrätig haben, oder ausreichend kaltes Wasser, denn dies ist ein stark gewürztes Essen. Ein leicht säuerliches Dessert wie z. B. Zitrusfrüchte oder Sorbet ist der beste Abschluß nach diesem Entree. Aber ganz gleich, was Sie mit diesem Gericht zusammen servieren, es ist so köstlich und abgerundet, daß es für sich allein eine ausgezeichnete Mahlzeit abgibt.

(Pause)

Lassen Sie mich zum Schluß Sie alle anregen, die Freude an der chinesischen Küche kennen zu lernen. Sie hält noch viele ebenso köstliche und leicht zu bereitende Gerichte bereit wie Huhn mit Gemüse und Erdnüssen. Alles, was Sie benötigen, ist ein Wok, ein paar ruhige Stunden und Appetit auf chinesisches Essen.

Die nächste Übung beinhaltet einen Anleitungs-Vortrag. Lesen Sie die Anleitungen sorgfältig durch und stellen Sie dann Ihre eigene Anleitung zusammen. Der Zweck dieser Übung ist, Ihnen Gelegenheit zu geben, den Gebrauch optischer Hilfsmittel zu trainieren und Ihnen die Prinzipien der Präsentation technischen Materials beizubringen. Wenn Sie einmal einen Anleitungs-Vortrag erstellt haben – unter Benutzung eines Hobbys, einer Fertigkeit oder beruflicher Kenntnisse, mit denen Sie vertraut sind – werden Sie feststellen, wie relativ einfach es ist, eine Rede zusammenzustellen, bei der Sie etwas vorführen.

Übung 24: Der Anleitungs-Vortrag

1. Wählen Sie ein Hobby oder eine Fertigkeit, die Sie gut beherrschen und über die Sie sprechen wollen, aus. (Wenn Ihnen nichts einfällt, können Sie immer die Zubereitung Ihres Lieblingsgerichts nehmen.)

2. Schreiben Sie einen kompletten Siebenminutenvortrag unter Benutzung der Handlungsformel. Genau wie alle vorangegangenen Reden besteht dieser Anleitungsvortrag aus: einer Einleitung, einem Themensatz, einem Thesensatz, einem Hintergrundsabschnitt, einem Argumentationsabschnitt mit verschiedenen Unterpunkten, einem Höhepunkt und einem Schluß. Sie werden sehen, wie gut diese Struktur sich selbst in eine Vorführung wandelt.

3. Suchen Sie Ihre optischen Hilfsmittel zusammen – es sollten nicht mehr als vier Stück sein – und überlegen Sie sich, wann Sie sie benutzen wollen. Normalerweise geschieht dies im Argumentationsabschnitt. Wenn Sie nur ein Hilfsmittel haben, dann bietet sich der Höhepunkt für seinen Einsatz an.

4. Bauen Sie Ihre optischen Hilfsmittel an dem Platz auf, von dem aus Sie Ihren Vortrag halten werden.

5. Machen Sie jetzt eine komplette Probe Ihrer Rede.

Probe

- Setzen Sie sich hin. Zentrieren Sie sich.
- Legen Sie Ihre Karten in den Schoß und konzentrieren Sie sich auf das Prickeln in Ihren Fingerspitzen.
- Nehmen Sie Ihre Karten zur Hand und erheben Sie sich *ganz langsam.*
- Stellen Sie sich hin und balancieren Sie Ihr Gewicht gleichmäßig auf beiden Beinen aus.
- Gehen Sie ganz langsam und natürlich nach vorne vor Ihr imaginäres Publikum und konzentrieren Sie sich dabei auf Ihre Fingerspitzen.
- Drehen Sie sich *langsam* herum und blicken Sie Ihr imaginäres Publikum an. Lassen Sie dabei Ihre Arme seitlich herunterhängen.
- Gehen Sie Ihre Checkliste durch:

Mein Kopf fühlt sich …
Meine Augen sind …
Mein Mund ist …
Meine Schultern …
Mein Nacken …
Meine Brust …
Mein Herz …
Meine Arme …
Mein Bauch …
Meine Hände …

Meine Beine ...
Meine Knie ...
Meine Füße ...

- Beginnen Sie jetzt mit Ihrer Einleitung, ohne dabei von Ihren Karten abzulesen. Wenn Sie bei Ihrem Hintergrundsabschnitt angekommen sind, können Sie von Ihren Karten ablesen, aber vergessen Sie nicht, von Zeit zu Zeit Ihr Publikum anzublicken.
- Gehen Sie Ihren ganzen Vortrag durch. Denken Sie an die in diesem Kapitel gegebenen Instruktionen für die langsame und genaue Handhabung der optischen Hilfsmittel. Redeabschnitte, in denen solche Geräte benutzt werden, sollten Ihnen so vertraut sein, daß Sie nicht von Ihren Karten abzulesen brauchen. (Möglicherweise brauchen Sie beide Hände, um einen Gegenstand oder eine Technik vorzuführen, und wenn Sie Dias oder einen Film zeigen, wird der Raum verdunkelt.)

Erfolgsbericht

Datum	Zeit	Schwachstelle gravierend	Schwachstelle weniger gravierend	Kommentar	Ruhig – Nervös (1–10)

Fragen aus dem Publikum

Im Laufe der Jahre habe ich herausgefunden, daß es zu den Fragen, die einem Redner nach Beendigung seiner regulären Redezeit gestellt werden, im wesentlichen zwei unterschiedliche Standpunkte gibt.

Die meisten Leute haben Angst vor dieser Situation. Josef S., ein Gruppenpsychologe in einem städtischen Krankenhaus, versuchte meist, sich vor Vorträgen zu drücken, denn »mir graut davor, daß jemand mir eine Frage stellt, die ich nicht beantworten kann. Ich habe das Gefühl, ich stehe auf dem Präsentierteller, und jeder merkt, wie wenig ich eigentlich weiß.«

Die andere Haltung – die sicher viel seltener vorkommt – wurde von Barbara H., die für eine pharmazeutische Firma arbeitet, formuliert. »Ich liebe den Diskussionsteil, denn sobald ich direkt mit einer anderen Person spreche, fühle ich mich besser.«

Beide Perspektiven sind im wesentlichen falsch, denn sie gehen das Thema Fragen aus dem Publikum nicht unter dem Gesichtspunkt des Zwecks dieser Fragen an.

Der Zweck der Diskussion mit dem Publikum bei einer Rede ist in erster Linie, die Rede aufzulockern, indem man dem Publikum begrenzt die Möglichkeit gibt, daran teilzunehmen. Mit Ihren Antworten verfolgen Sie das Ziel, sich selbst und Ihren Standpunkt so ruhig, überzeugend und glaubwürdig wie möglich darzustellen.

Da Sie ja an Ihre Rede gebunden sind, bestimmen Sie auch die Gesetze, nach denen die Fragen und Antworten ablaufen. Beachten sie dabei die folgenden Punkte:

1. Lassen Sie so viele verschiedene Zuhörer wie möglich zu Wort kommen.

2. Gestatten Sie jedem Zuhörer nur eine Frage.

3. Fassen Sie Ihre Antworten kurz, damit Sie Zeit haben, noch mehr Fragen zu beantworten. Sie müssten bei einer Antwort auf eine Frage nicht alles erzählen, was Ihnen dazu einfällt. Wählen Sie einen Punkt, der Ihnen besonders wichtig erscheint, als Antwort aus.

4. Fangen Sie keine Diskussion mit einem Publikumsmitglied an. Wenn Sie dies tun, fühlt sich der Rest des Publikums ausgeschlossen, und die Diskussion wird zu einer Konversation unter zweien in der Öffentlichkeit.

5. Vor allem lassen Sie sich nicht herausfordern, und erlauben Sie dem Publikum nicht, den Frageteil als Gelegenheit zu benutzen, Sie mit peinlichen oder bohrenden Fragen in die Enge zu treiben. Ihre Aufgabe ist es, möglichst informativ zu sein, Sachverhalte zu klären oder verlangte Informationen zu geben, nicht jedoch, sich auf eine Debatte einzulassen. Viele Redner verlieren ihr Gleichgewicht, wenn ein Mitglied der Zuhörerschaft mit ihnen zu diskutieren versucht. Sie fühlen sich dann oft gedrängt, ihre Positionen zu erklären oder zu verteidigen. Sobald sie jedoch anfangen, sich zu verteidigen, verlieren sie psychologisch an Boden.

Ein Politiker, den ich zu meinen Kunden zählte, stellte den Sachverhalt scharfsinnig so dar: »Als Roosevelt Sekretär der Navy war, sagte man von ihm, er hätte die Eigenschaften eines Gänsedaunen-Kissens. Je stärker man ihn schlug, desto mehr lockerte er auf.« Das sollte die Taktik eines jeden Redners im Frage-und-Antwort-Abschnitt sein. Aber wie können Sie vermeiden, daß Sie in die Situation geraten, sich verteidigen zu müssen?

Zunächst müssen Sie die Spielregeln verstehen. Provozierende oder peinliche Fragen sind selten Zufall. Die Absicht des Fragestellers ist, Sie aus der Bahn zu werfen, zu verwirren. Wenn Sie jetzt überstürzt und unüberlegt antworten, dann geraten Sie in die Falle, aus der Sie nur sehr schwer wieder herauskommen.

Das richtige Vorgehen beim Beantworten der Fragen ist immer, drei Sekunden zu warten (Sie können diesen Zeitraum bemessen und dabei die Kontrolle über Ihre Körperreaktionen bewahren, indem Sie langsam mit Ihren Fingerspitzen gegen Ihr Bein oder das Rednerpult klopfen) und dann die Frage für das ganze Publikum zu wiederholen.

Frage: Wie lang glauben Sie wird es noch dauern, bis wir dieses Projekt fertigstellen können?
Antwort (*an die ganze Gruppe gerichtet*): Die Frage ist, wie lang es noch dauern wird, bis das Projekt vollendet werden kann.

Es gibt mehrere Gründe, warum Sie eine Frage immer wiederholen sollten:

1. Es gibt Ihnen Zeit zum Nachdenken.
2. Es sorgt dafür, daß jeder im Publikum die Gelegenheit hat, die Frage zu hören.
3. Es verhindert, daß Sie in eine Position geraten, in der Sie einen persönlichen Dialog mit einem Mitglied der Gruppe führen, während die restlichen Zuhörer Sie beobachten, was zwangsläufig zu einem Machtkampf führen würde und Sie Ihre Position als Führer kosten könnte.
4. Es hält die Aufmerksamkeit des Publikums bei Ihnen und nicht bei demjenigen, der die Frage gestellt hat.

Indem Sie die Frage wiederholen, nehmen Sie sie weg von der Person, die sie gestellt hat und machen sie zu Ihrer eigenen. Damit ziehen Sie die Aufmerksamkeit des Publikums wieder auf sich. Außerdem können Sie durch die Betonung, mit der Sie die Frage wiederholen, jedem Angriff die Schärfe nehmen.

Unbeantwortbare Fragen

Diese Frage höre ich immer: »Was ist nun, wenn man die Anwort auf eine Frage wirklich nicht weiß?«

Obwohl es sehr ehrenhaft und wertvoll ist, wenn man etwas wirklich nicht weiß, zu sagen »Ich weiß es nicht«, sind doch die einzigen Leute, die dazu mit Selbstvertrauen und Überzeugung, also auch überzeugend, fähig sind, Spezialisten und Experten. Für den Rede-Neuling oder den nervösen Redner mit geringem Selbstvertrauen erscheint es als Demütigung, öffentlich Unwissenheit zugeben zu müssen; und vor solchen Demütigungen fürchten sich viele Leute am meisten.

Erinnern Sie sich an den Zweck Ihres Vortrages. Ihr Ziel ist es, sich selbst und Ihren Standpunkt so ruhig, überzeugend und glaubwürdig wie möglich darzustellen. Im Frage-und-Antwort-Teil geht es Ihnen darum, Ihre Position als Führer der Gruppe zu untermauern. Wenn es Sie aufregt oder ängstigt, sagen zu müssen: »Ich weiß es nicht«, dann sagen Sie es nicht.

Sagen Sie statt dessen:

- »Dies ist eine sehr interessante Frage. Tatsächlich sind wir gerade dabei, die Antwort darauf herauszufinden, und es wird mir ein Vergnügen sein, sie Ihnen mitzuteilen, sobald wir zu einem Ergebnis gekommen sind.«

- »Ich würde meine Zahlen hierzu gern genauer überprüfen, bevor ich sie Ihnen hier überlasse. Gern schicke ich Ihnen jedoch eine Notiz mit der entsprechenden Antwort, wenn ich wieder in meinem Büro bin.«
- »Diese Information steht derzeit leider nicht zur Verfügung.«

Eine weitere gute Strategie, um der Gefahr eines Streits aus dem Weg zu gehen ist es, einer aufrührerischen Bemerkung mit offenkundiger Sympathie entgegenzutreten. Beispielsweise können Sie sagen: »Nun, dies ist eine sehr interessante Information«, und dann eine andere Information anfügen, von der Sie möchten, daß Ihre Zuhörer sie besser erinnern.

Letztes Jahr wurde einer meiner Kunden, eine Persönlichkeit des öffentlichen Lebens, im Radio interviewt. Seine Antworten auf viele der Fragen waren sehr defensiv gehalten. Später diskutierten wir über das Interview, und ich schlug ihm ein taktisch klügeres Vorgehen gegen derartige Frontalangriffe vor.

Sehr zu meiner Freude antwortete mein Kunde bei seiner nächsten Konferenz auf die Frage des Reporters: »Möchten Sie damit sagen, daß dies ein Skandal ist?« »Ich sehe, daß Sie sehr betroffen sind. Auch ich bin ziemlich betroffen und schätze Ihr Interesse.« Diese Anwort nahm dem Reporter vollkommen den Wind aus den Segeln und milderte den scharfen Ton des Wortgefechts.

Manchmal provoziert ein Fragesteller, indem er aus seiner Frage einen eigenen Vortrag macht. Wenn eine Frage in eine Dissertation ausartet, dann heißt das, daß ein

Mitglied des Publikums versucht, Ihre Führungsrolle zu übernehmen. Unterbrechen Sie auf alle Fälle. Warten Sie nicht ab, bis der Redner geendet hat. Zählen Sie bis drei und *zwingen Sie sich zu sagen*: »Könnten Sie so freundlich sein und jetzt Ihre Frage stellen.«

Wenn der Fragesteller gar nicht daran denkt, aufzuhören, dann zählen Sie bis drei, unterbrechen Sie ihn erneut und sagen Sie: »Vielen Dank für Ihren Beitrag. Darf ich nun um die nächste Frage bitten.«

Den meisten Mitgliedern der Zuhörerschaft wird Ihre Antwort gefallen. Auch sie spüren die Versuche, einen Redner aus dem Sattel zu werfen. Je länger Sie einem einzelnen gestatten, Aufmerksamkeit für sich zu beanspruchen, desto ungeduldiger werden die übrigen Zuhörer darauf warten, daß Sie etwas unternehmen. Vergessen Sie nicht, daß dies Ihr Auftritt ist. Sie haben das Recht, jeden, der versucht, die Aufmerksamkeit des Publikums von Ihnen weg auf sich zu ziehen, zu unterbrechen.

Sie müssen *nicht* unbedingt genau die Frage beantworten, die gestellt worden ist. Ich hörte einmal, wie der Bestsellerautor Gore Vidal über seine Technik im Umgang mit den Fragen von Talkshow-Meistern sprach. »Sie müssen sich vorher überlegen, was Sie sagen wollen, bevor Sie an die Beantwortung der Frage gehen. Bringen Sie nicht zu viel in Ihrer Antwort, denn das kann man sich nicht merken ... Es ist gar nicht wichtig, was sie fragen, Sie machen einfach weiter – ›Ja, das ist interessant‹ – und kommen so zu dem Punkt, auf den Sie von Anfang an hinauswollten. Es ist eine Technik wie viele andere. Sie müssen nur lernen, sie zu beherrschen.«

Auch Sie können Ihrer Antwort eine Färbung in die Richtung geben, in der Sie sie haben wollen. Außerdem können viele möglichen Fragen vorweggenommen werden. Es gibt keine bessere Methode, für einen flüssigen Ablauf im Frage-und-Antwort-Abschnitt zu sorgen, als auf zehn Fragen, mit denen Sie rechnen, Antworten vorzubereiten. Schreiben Sie sich Ihre Antworten so auf, daß sie zum Ausdruck bringen, *was Sie sagen wollen.*

Übung 22: Probe Ihrer Antworten

1. Sehen Sie sich Ihre Rede an und machen Sie eine Liste zehn möglicher Fragen, die gestellt werden könnten.
2. Suchen Sie nun in Ihrer Rede nach zehn Informationen, die zur Beantwortung dieser Fragen herangezogen werden könnten.

Es ist keineswegs falsch, während eines Frage-und-Antwort-Abschnitts Informationen zu wiederholen. Im Gegenteil, eine der besten Arten, mit einem schwierigen Fragesteller umzugehen ist es, seine Frage zu wiederholen und dann zu sagen: »Wie ich bereits gesagt habe ...« Diese Methode, die suggeriert, daß der Fragesteller nicht genau genug zugehört hat, dient zur Stärkung Ihrer Position und drängt den Fragesteller in die Defensive.

3. Schreiben Sie die Antworten auf die möglichen Fragen nieder und üben Sie sie. Vielleicht haben Sie einen Freund, der Ihnen die Fragen stellen kann. Sie können aber auch ein Tonbandgerät benutzen.

In der echten Frage-und-Antwort-Situation ist es immer am besten, eine geprobte Antwort zu geben, wenn die Möglichkeit dazu besteht. Viele Leute haben das Gefühl, daß sie schwindeln, wenn sie eine vorbereitete Antwort geben. Sie halten es weder für fair noch für spontan, dies zu tun, und glauben, sie müssen um jeden Preis spontan reagieren.

Die Wahrscheinlichkeit, daß dieser Preis hoch ist, ist groß. Stegreifantworten bringen einen Redner oft in Schwierigkeiten. Der professionelle Redner hält immer eine Auswahl vorbereiteter Antworten bereit. Vor jeder Pressekonferenz des Präsidenten verbringen Helfer im Weißen Haus lange Stunden damit, Listen mit möglichen Fragen und passenden Antworten zusammenzustellen, die der Präsident gründlich üben kann, bevor er sich der Presse stellt. *Das Sprechen in der Öffentlichkeit ist ein öffentlicher Auftritt*, wie jeder Politiker, jeder öffentliche Repräsentant oder Staatsmann nur allzugut weiß. Wenn Sie aufstehen, um zu reden, dann repräsentieren Sie sich selbst, und es kann nur in Ihrem Interesse sein, im voraus zu planen und vorzubereiten und genau einzuüben, was Sie vorhaben zu sagen.

Der Umgang mit den Fragen

Untersuchungen haben gezeigt, daß in einigen Fällen die Angst vor dem Sprechen in der Öffentlichkeit mit einer Angst vor Demütigungen als Ergebnis einer öffentlichen Konfrontation, mit der der Redner nicht umgehen zu können glaubt, verbunden ist.

Richard C. verbrachte einen Gutteil seiner Zeit damit, sich Strategien zu überlegen, wie er Reden in der Öffentlichkeit vermeiden könne, denn ihn erschreckte der Gedanke, ihm könnten womöglich Fragen gestellt werden, die sich für ihn als zu schwierig zu beantworten erweisen würden; und das alles buchstäblich im Scheinwerferlicht vor dem Publikum.

Als ich ihn während eines privaten Beratungsgespräches fragte, vor welcher Frage er denn Angst habe, fühlte er sich sichtlich unwohl. Er sagte, er könne nicht klar genug denken, um etwas Spezifisches zu nennen. Er fühle sich einfach nur von Furcht überwältigt.

Ich merkte, daß dieser Kunde konkreter gefragt werden mußte und sagte: »Einmal angenommen, Sie hätten die vollständige Kontrolle über alle Fragen, die Ihnen gestellt werden könnten. Nennen Sie mir eine Frage, die Sie nicht zulassen würden.« Richard antwortete: »Ich würde nicht wollen, daß sie mich fragen, inwieweit wir unseren finanziellen Rahmen schon überschritten haben.« Was jetzt anstand war, sich hinzusetzen und zu versuchen, schon vorher auf diese mögliche Frage eine Antwort auszuarbeiten, eine Antwort, die einem kritischen Publikum standhalten könnte. Um dies tun zu können, nahm Richard Kontakt mit einem Kollegen auf und bat ihn um Hilfe bei der Ausarbeitung einer plausiblen Antwort. Nachdem er einmal die *spezifische* Quelle seiner Furcht erkannt hatte, konnte er sie überwinden, indem er sich bereits von vornherein auf den erwarteten Angriff vorbereitete.

Wenn Sie sich Gedanken über Ihre Unfähigkeit im Umgang mit möglicherweise verwirrenden Fragen gemacht haben, dann bietet Ihnen die folgende Liste eine Reihe von Hinweisen auf mögliche Quellen Ihrer Angst. Haben Sie bei der Vorbereitung Ihres Vortrags ein Auge auf die Liste, und wenn ein oder zwei dieser Gefahrenzonen auf Sie zutreffen, versuchen Sie, passende Fragen, die eventuell gestellt werden könnten, zu formulieren. Schreiben Sie dann kurze, geeignete Antworten auf und üben Sie sie im Verlauf Ihrer Vortragsvorbereitungen. Wenn Ihnen dann später eine solche »vernichtende« Frage gestellt wird, dann können Sie seelenruhig antworten:

»Ich habe gewußt, daß Sie mir diese Frage stellen und habe auch schon die Antwort parat.«

- Welche Frage hoffen Sie, daß Ihnen nicht gestellt wird?
- Welche Frage könnte Sie verwirren?
- Von welcher Frage wissen Sie, daß Sie keine Antwort darauf haben?
- Welche Frage trifft auf Ihren schwächsten Punkt?
- Welche Frage bringt nachträglich einen Fehler oder eine Unterlassung zutage?

Außerdem sollten Sie eine Liste von Fragen anlegen, von denen Sie *möchten*, daß sie Ihnen gestellt werden.

Vielleicht werden Ihnen die folgenden Fragen nicht direkt gestellt, aber mit etwas Geschick könnten Sie sicher die Antwort auf eine oder zwei davon in Ihren Antworten auf andere Fragen unterbringen. Bringen Sie einige der folgenden Vorschläge in die Form einer konkreten Frage und *schreiben* Sie dann triumphierende Antworten. Üben Sie auch diese bei Ihrer Vorbereitung, die Chancen stehen gut, daß Sie Gebrauch davon machen können.

- Welche Frage würden Sie gern hören?
- Welche Frage zeigt Sie von Ihrer besten Seite?
- Welche Frage bezieht sich auf Ihren stärksten Punkt?
- Welche Frage würden Sie sich selbst stellen, wenn Sie Ihrer Rede zugehört hätten?
- Welche Frage bezieht sich auf einen Erfolg, den Sie mit Ihrer Rede zum Ausdruck bringen konnten?

Eine gründliche Vorbereitung, die Sie befähigt, mit unerwünschten Fragen umzugehen und auf Fragen, die Ihnen entgegenkommen, besonders starke Antworten zu geben, sorgt dafür, daß Sie immer ein gutes Bild abgeben, ganz gleich, wie die Umstände sind. Selbst wenn ein Redner nicht immer alle Antworten parat hat, aber in der Lage ist, flüssig und überzeugend zu antworten, wird er beim Publikum einen guten Eindruck hinterlassen. Denken Sie daran: *Gut auszusehen und gut zu klingen ist genauso wichtig, wie immer antworten zu können.*

Mißbrauch des Fragerechts

Beim Sprechen vor einem öffentlichen Forum kann man nicht immer volle Kontrolle darüber haben, wer daran teilnimmt oder welche Fragen gestellt bzw. welche Anmerkungen gemacht werden. Es kann geschehen, daß Sie von einem besonders aggressiven oder eigenwilligen Mitglied der Zuhörerschaft in die Enge getrieben werden, möglicherweise von jemandem, der gar nicht mehr weiß, was er sagt. Wenn Ihnen, dem Redner, eine provozierende oder unverschämte Frage gestellt wird, dann ändert dies nichts daran, daß Sie derjenige sind, der für alle voll sichtbar ist, und das Geschick, mit dem Sie mit dieser Situation fertig werden, hat großen Einfluß darauf, welchen Eindruck Ihr Publikum von Ihrer Rede hat.

Sollte in Ihrem Publikum jemand sein, der sein Fragerecht mißbraucht, dann versuchen Sie nie, sich auf eine vernünftige Diskussion mit ihm einzulassen. Ein Wortgefecht kann Sie nicht verletzen, wenn Sie sich einfach weigern, an solch einem Schlagabtausch teilzunehmen. Was können Sie tun?

Lassen Sie uns erst über die Strategie sprechen und

dann zu einem Beispiel übergehen. Sobald Sie bemerken, daß das Recht, Fragen zu stellen, mißbraucht wird – sei es durch verletzende Bemerkungen gegen Sie persönlich oder Ihren Beruf, oder durch Angriffe, z. B. gegen Ihre Integrität oder aber durch Bemerkungen, die Sie demütigen sollen –, ist folgende Strategie angebracht:

1. Erklären Sie, wer Sie sind.
2. Erklären Sie Ihre Absicht, die hinter dieser Rede steckt.
3. Weigern Sie sich ausdrücklich, sich in eine persönliche Debatte einzulassen – und halten Sie sich daran.
4. Richten Sie Ihre Aufmerksamkeit auf das Publikum – nicht auf Ihren Gegenspieler.

Hier ein Beispiel für eine ausgezeichnete Antwort, von einer Talk Power-Seminarteilnehmerin, einer Psychologin, während eines Vortrags vor öffentlichem Publikum gegeben. (Ein Mitglied des Publikums stellte ihr eine verletzende Frage, die sich auf ihre Gebühren bezog.)

Ich bin seit vielen Jahren in diesem Beruf tätig und habe große Erfahrung (*Rollendefinition*).

Ich bin hier, um mit meinem Publikum meine Informationen über diesen Gegenstand und meine Sichtweise davon zu teilen. (*Erklärung der Absicht, die hinter der Rede steckt.*)

Ich bin nicht hierhergekommen, um mit einzelnen Mitgliedern des Publikums persönliche Debatten zu führen. Die nächste Frage bitte ...

Vielleicht haben Sie das Gefühl, daß, wenn Sie der Adressat solch einer mißbräuchlichen Bemerkung wären, Sie zu nervös wären, um die Situation mit derselben Sicherheit zu meistern. In diesem Fall mag zusätzliche Arbeit vonnöten sein, um sicherzugehen, daß Sie während des Frage-und-Antwort-Abschnitts voll zur Stelle sind. Die folgende Gefühl-Erinnerungs-Vergegenwärtigungs-Übung (Gefühl-Erinnerungsübung), die auf einer Kombination von Handlungstechniken und Verhaltenstrainings-Methoden beruht, kann für den Redner hilfreich sein.

Übung 26: Die Gefühl-Erinnerungs-Vergegenwärtigungsübung – Training für Fragen aus dem Publikum

1. Nachdem Sie Ihre Rede fertiggestellt und geprobt haben, legen Sie eine Liste von zehn Fragen an, erwünschten oder unerwünschten, von denen Sie glauben, daß sie gestellt werden könnten, und schreiben Sie für jede eine *starke, aber kurze* Antwort auf (möglichst weniger als 75 Wörter).

2. Setzen Sie sich hin. Schließen Sie die Augen. Zentrieren Sie sich.

3. Atmen Sie zwanzigmal ein und aus. Atmen Sie durch die Nasenlöcher ein und durch den Mund aus und zählen Sie jeden Atemzug.

4. Stellen Sie sich vor, Sie hätten Ihren Vortrag beendet. Versuchen Sie, sich den Raum, in dem Sie sich befinden, vorzustellen. Was für ein Licht ist in diesem Raum? Versuchen Sie, sich in das Gefühl hineinzuversetzen, das Sie haben werden, wenn Sie dann auf Ihrem Stuhl sitzen oder an Ihrem Platz stehen.

5. Versuchen Sie sich vorzustellen, was für Kleidung Sie tragen. Stellen Sie sich vor, wer neben Ihnen sitzt ... und wer sich noch in dem Raum befindet.

6. Wenn in dem Raum ein bestimmtes Geräusch ist, versuchen Sie, es zu hören. Nehmen Sie sich die Zeit, das, was Sie erleben, zu *fühlen.*

7. Stellen Sie sich nun vor, daß Ihnen eine Frage gestellt wird. Versuchen Sie denjenigen zu sehen, der die Frage stellt. Versuchen Sie sie zu hören. Pause. Stellen Sie sich vor, daß Sie die Frage wiederholen und sie dann in Ruhe beantworten. Sie haben die Frage so intelligent wie möglich beantwortet. Hören Sie das Beifallsgemurmel Ihres Publikums.

8. Spüren Sie das angenehme Gefühl, das Ihnen Ihre hervorragende Antwort gibt, und gehen Sie über zur nächsten Frage. Stellen Sie sich vor, wer die nächste Frage stellt und wie er oder sie gekleidet ist. Pause. Sie wiederholen die Frage und beantworten sie dann, wiederum möglichst intelligent. Vergegenwärtigen Sie sich wieder die zustimmenden Gesichter Ihrer Zuhörer und gestatten Sie es sich, sich in dem schönen Gefühl des Erfolgs zu sonnen. Machen Sie so weiter, bis Sie sich keine weiteren Fragen vorstellen können. Vergessen Sie nicht, daß Sie jede Frage wohlüberlegt und mit Bedacht beantworten und daß Ihr Publikum jede Antwort mit Zustimmung und Interesse aufnimmt. Erlauben Sie sich auf *keinen* Fall, sich etwas für Sie Enttäuschendes oder Demütigendes vorzustellen. Wenn dennoch ein negatives Bild in Ihrer Vorstellung/Phantasie aufsteigt, stellen Sie sich einfach vor, daß Sie dieses Bild mit einem riesigen Radiergummi aus Ihrem Gehirn löschen, und gehen Sie über zur nächsten Frage.

Die Regeln dieser Übung lassen keine ablehnenden Antworten aus Ihrem Publikum zu. Wenn es Ihnen unmöglich erscheint, diese Übung ohne negative Vorstellungen durchzuführen, dann heißt das, daß Sie einem extrem selbstzerstörerischen Verhaltensmuster folgen, gegen das Sie vorgehen müssen. Sollte dies der Fall sein, dann sprechen Sie all Ihre Vorstellungen auf Tonband. Wiederholen Sie laut die oben gegebenen Anweisungen. Sprechen Sie Ihre Fragen auf das Band und nehmen Sie sich genügend Zeit, die Fragen zu beantworten. Folgen Sie der Anweisung und stellen Sie sich eine zustimmende Reaktion vor. Sprechen Sie Ihre Eindrücke dabei laut aus. Gehen Sie dann über zur nächsten Frage. Es wird leichter für Sie sein, den gesprochenen und auf Band aufgenommenen Anweisungen Folge zu leisten, als sich die Zustimmung vorzustellen, wenn dies ein besonderes Problem für Sie ist.

Tonbandanweisungen

Nehmen Sie die folgenden Sätze auf Band auf und sprechen Sie dabei langsam und deutlich. Machen Sie an den Stellen, wo im Text Punkte sind, eine Pause von zwei Sekunden.

Ich sitze auf meinem Stuhl ... Meine Augen sind geschlossen ... Jetzt zentriere ich meinen Körper ... Konzentriere mich nach innen ... und spüre, daß mein Körper perfekt ausbalanciert ist ... Mein Kopf steht aufrecht zwischen rechter und linker Schulter ... Mein Bauch ist entspannt ... Ich werde jetzt zwanzig Atemzüge machen, wobei ich durch die Nase einatme und durch den Mund ausatme und dabei zähle ... (Nota bene: *Wenn Sie diese Sätze aufnehmen, nehmen Sie sich die Zeit, zwanzig Atemzüge zu machen, damit Sie auf dem Tonband die genau richtige Dauer freilassen.*) Ich stelle mir jetzt vor, daß ich soeben meinen Vortrag beendet habe und um Fragen aus dem Publikum gebeten habe ... Ich stehe oder sitze auf dem Platz, an dem ich mich in dieser Situation befinden würde ... Ich sehe den Raum, in dem ich mich befinde ... Ich versuche, das Licht dieses Raumes zu sehen ... Ich sehe die Kleidung, die ich trage ... Ich schaue nach unten und kann meine Schuhe sehen ... Ich sehe die Menschen, die mit mir in diesem Raum sind ... Einzelne Personen sehe ich genau ... Ich sehe, wie sie gekleidet sind ... Ich versuche, alle Geräusche zu hören, die in oder außerhalb dieses Raumes zu hören sind ... Ich atme ruhig ... Ich fühle mich angenehm erregt ... Jetzt stelle ich mir vor, daß die erste Frage gestellt wird ...

(*Sprechen Sie jetzt Ihre Frage.*)

Ich sehe die Person, die die Frage stellt ... Ich atme ruhig ... Jetzt wiederhole ich die Frage laut ... (*Wiederholen Sie die Frage laut. Pause. Geben Sie Ihre Antwort.*) ... Meine Antwort drückt genau das aus, was ich sowieso sagen wollte ... Ich bin zufrieden, daß meine Antwort so gut paßt ... Ich kann das zustimmende Gemurmel meiner Zuhörer hören ... Ich sehe, wie sie in meine Richtung nicken ... Eine ausgezeichnete Antwort gibt mir ein angenehmes Gefühl ... Ich höre nun die nächste Frage ...

(*Nehmen Sie an dieser Stelle die nächste Frage auf Band auf.*)

Ich sehe den Fragesteller vor mir ... Ich atme ruhig ... Ich wiederhole die Frage laut ... *(Wiederholen Sie die Frage laut.)* ... Jetzt beantworte ich die Frage möglichst intelligent ... (*Sprechen Sie Ihre Antwort laut.*) ... Ich bin zufrieden mit meiner Antwort ... Ich sehe die zustimmenden Gesichter meiner Zuhörer auf mich gerichtet ... Ich spüre, daß ich akzeptiert und verstanden werde ... Ein Gefühl des Erfolgs ergreift mich.

Machen Sie so weiter und stellen Sie Ihre Fragen . . . atmen Sie . . . wiederholen Sie Ihre Fragen . . . beantworten Sie Ihre Fragen . . . und registrieren Sie zustimmende Reaktionen des Publikums auf Ihre Antworten, bis Sie all Ihre Fragen durchgemacht haben.

Die Rechte des Redners in der Öffentlichkeit

In den vorangegangenen Kapiteln haben wir uns auf die Verhaltenstechniken konzentriert, die dem verängstigten Redner helfen sollten, die Vortragsfertigkeiten und die Techniken eines durchstrukturierten Redeaufbaus zu entwickeln, die nötig sind, die Angst vor der Öffentlichkeit zu überwinden. Mangelnde Darbietungskunst und die Unfähigkeit, eine Rede aufzubauen, sind oft die Ursache dafür, daß die Leute schon beim Gedanken an eine Rede in der Öffentlichkeit zu zittern anfangen. Oft spielt jedoch noch ein weiteres Element eine Rolle. Dieses dritte Element ist *fehlendes Durchsetzungsvermögen.*

Viele Leute, die in einem sehr autoritären Umfeld aufgewachsen sind, haben Schwierigkeiten, sich durchzusetzen, und finden es sehr schwer, eine Position zu beziehen, und dann diese Position zu äußern und darauf zu bestehen. Menschen, denen in ihrer Kindheit und Jugend nicht erlaubt wurde, eine Meinung oder einen Standpunkt, der sich von dem der Eltern, Lehrer oder der Kameraden unterschied, zu äußern, zeigen in der Regel große Probleme, wenn es darum geht, vor einer Gruppe zu stehen und einen Standpunkt zu vertreten.

Haben Sie Probleme mit der Selbstbehauptung? Machen Sie den folgenden Test, um es herauszufinden.

Selbstbehauptungs-Test

Bin ich der Meinung, daß …	Ja	Nein	Unentschieden
1. ich das *Recht* habe, mich auszudrücken?			
2. ich das *Recht* auf meinen eigenen Standpunkt habe?			
3. ich das *Recht* habe, von anderen zu erwarten, daß sie mir zuhören?			
4. ich das *Recht* habe, andere zu informieren oder zu unterrichten?			
5. ich das *Recht* habe, zu versuchen?			
6. ich das *Recht* habe, mich zu überwinden?			
7. ich das *Recht* habe, mein Ziel zu erreichen?			
8. ich das *Recht* habe, Fehler zu machen?			
9. ich das *Recht* habe, es falsch zu machen?			
10. ich das *Recht* habe, es erneut zu versuchen?			
11. ich das *Recht* habe, mich zuerst unwohl und ängstlich zu fühlen?			
12. ich das *Recht* habe, nicht »alles« zu wissen?			

13. ich das *Recht* habe, vor einer Gruppe zu stehen?			
14. ich das *Recht* habe, ein Führer zu sein?			
15. ich das *Recht* auf Redezeit habe?			
16. andere das *Recht* auf ihren eigenen Standpunkt haben?			
17. andere das *Recht* haben, nicht meiner Meinung zu sein?			

Wenn auf eine Reihe dieser Fragen Ihre Antwort Nein ist, dann stehen Sie damit nicht allein. Ich habe in den Seminaren und Kursen, die ich in den letzten Jahren veranstaltet habe, erleben müssen, daß die Ergebnisse dieses Tests in weiten Bereichen erstaunlich negativ sind. Zum Beispiel:

- 50% der Teilnehmer hatten das Gefühl, daß sie nicht das Recht hätten, sich auszudrücken.
- 65% meinten, daß es ihnen nicht zustünde, nicht alles zu wissen.
- 40% waren der Meinung, daß sie nicht das Recht hätten, von anderen zu verlangen, daß sie ihnen zuhörten.
- 60% glaubten, nicht das Recht zu haben, Fehler zu begehen.

Offensichtlich sind Leute, die glauben, kein Recht zu haben, sich selbst auszudrücken, oder die meinen, sie hätten nicht das Recht, Fehler zu machen, prädestiniert dafür, in öffentlichen Redesituationen Angst zu entwickeln. Ihre

Antworten bei einem Vortrag beinhalten häufig folgendes:

- Unwissenheit darüber, *was* sie über ein wichtiges Thema denken.
- *Widersprüchliche* Stellungnahmen.
- Die Gewißheit, etwas *Falsches* zu denken.
- Das Gefühl, *kritisiert* oder *verurteilt* zu werden.
- Das Gefühl, ein Scharlatan zu sein und *entlarvt* zu werden.
- *Selbsterniedrigende* und *herabsetzende* Aussagen, Mimik oder Gestik.

Jemand, der kein Selbstbewußtsein hat, gerät leicht auf der ganzen Linie in Schwierigkeiten, sei es bei der Vorbereitung oder der Ausführung eines Vortrags oder einer Rede. Da solch eine Person sich unsicher darüber ist, was sie von einem bestimmten Thema halten soll, oder sogar widersprüchliche Haltungen einnimmt, ist es für sie sicherlich schwierig, eine klare These zu entwickeln oder sie mit Argumenten zu untermauern. Während des Vortrags selbst ist dann die Angst, für einen Scharlatan gehalten oder kritisiert zu werden, verantwortlich für eine mangelnde Kontrolle über die eigenen physischen Reaktionen. Dies verursacht einen Streß, der so viele unerfahrene Redner beeinträchtigt. In dem Versuch, sich selbst zu schützen, liegt es nahe, daß der Redner Aussagen macht, mit denen er sich selbst herabsetzt und die seine Glaubwürdigkeit vollkommen zunichte machen – »Es kann sein, daß Sie dies nicht interessant finden, aber ...«; »Wahrscheinlich haben Sie diese Geschichte schon einmal gehört«; »Ich hatte leider wirklich nicht viel Zeit, um diesen Bericht vorzubereiten.« Wichtig ist, zu erkennen, daß die unsichere, immer auf Entschuldigungen bedachte Person *trainiert* worden ist – von den Eltern, dem Lehrer und den Kameraden – trainiert darauf, nie Positionen zu beziehen, die sich von dem, was man ihr als richtig beigebracht hat, unterscheiden. Was als Ermahnungen der Eltern, Lehrer oder Freunde beginnt, wird möglicherweise so internalisiert/verinnerlicht, daß der einzelne von einem komplexen und unsichtbaren Polizeistaat in seinem eigenen Kopf geleitet wird, der ihm das Recht auf eigene, freie Meinungsäußerung verbietet.

Wie kann man sich von solchen Selbstschutzverhaltensmustern befreien? Wie kann man neue Reaktionen lernen, die auf mehr Selbstakzeptanz aufbauen und wie zufriedenstellendere Verhaltensweisen entwickeln – Verhaltensweisen, die genauer und der Umwelt besser angemessen die wahren Gefühle und Sichtweisen des einzelnen wiedergeben? Lassen Sie uns damit beginnen, einen Katalog der Rechte des Redners zusammenzustellen. Wenn Sie bereits am Anfang dieses Kapitels jede Frage des Tests mit *Ja* beantwortet haben, dann haben Sie die Rechte schon für sich selbst angenommen. Aber wahrscheinlich haben die meisten von Ihnen auf die eine oder andere Frage mit *Nein* geantwortet. Lassen Sie uns die Fragen in Aussagen umwandeln und sie genauer betrachten.

Katalog der Rechte des Redners

1. Ich habe das *Recht*, mich selbst auszudrücken.
2. Ich habe das *Recht* auf meinen eigenen Standpunkt.
3. Ich habe das *Recht*, von anderen zu erwarten, daß sie mir zuhören.

4. Ich habe das *Recht*, andere zu informieren oder über etwas zu unterrichten.
5. Ich habe das *Recht*, etwas zu versuchen.
6. Ich habe das *Recht*, mich zu entwickeln.
7. Ich habe das *Recht*, dazuzulernen.
8. Ich habe das *Recht*, Fehler zu machen.
9. Ich habe das *Recht*, es zu versuchen und es falsch zu machen.
10. Ich habe das *Recht*, es erneut zu versuchen.
11. Ich habe das *Recht*, mich anfangs unwohl zu fühlen und Angst zu haben.
12. Ich habe das *Recht*, nicht »alles« zu wissen.
13. Ich habe das *Recht*, mich vor eine Gruppe von Leuten zu stellen.
14. Ich habe das *Recht*, ein Führer zu sein.
15. Ich habe das *Recht* auf meine Redezeit.
16. Andere haben das *Recht* auf ihren eigenen Standpunkt.
17. Andere haben das *Recht*, nicht mit mir einer Meinung zu sein.

Wenn Sie über auch nur eines dieser Rechte im Zweifel sind, wird dieser Zweifel Ihre Fähigkeit, eine überzeugende und glaubwürdige Rede zu präsentieren, beeinträchtigen. Solche Zweifel sind geradezu programmierte Aussagen, die in Ihrem Gehirn immer und immer wieder abgespult werden und Sie daran hindern, erfolgreich vor Publikum zu sprechen. Der Wert des Katalogs der Rechte eines Redners liegt darin, daß er Ihnen ermöglicht, *genau* den Bereich herauszufinden, in dem Sie sich selbst das Recht absprechen, sich frei zu äußern. Viele Leute, die vor dem Reden in der Öffentlichkeit Angst haben, geben bereitwillig zu, daß sie »mangelndes Selbstvertrauen« oder »Angst vor dem Vortragen« haben. Aber dies sind Allgemeinplätze, ähnlich wie wenn Sie einem Arzt erzählen, daß Sie sich »nicht besonders wohl fühlen«. Bevor Sie ein Mittel dagegen finden, muß zuerst die genaue Natur des Problems erkannt werden.

Juliane S., eine meiner Studentinnen, war der Meinung, alles über ein Thema wissen zu müssen, bevor sie eine Rede halten konnte. Das Ergebnis war, daß Juliane sich mit Zweifeln und Unsicherheiten über Ihre Qualifikation als Vortragende herumschlug. Da sie sich beruflich nie sonderlich hervortat, entgingen ihr zahllose Gelegenheiten, die doch beachtliche Sachkenntnis zu zeigen, die sie in Wirklichkeit besaß.

Erst als sie anfing, ihre Reaktionen anhand des Katalogs der Rechte eines Redners zu analysieren, wurde Juliane klar, wo ihre Probleme lagen, und sie erkannte, wie gründlich sie sich selbst das Recht abgesprochen hatte, nicht »alles« wissen zu müssen. Mit dieser Einsicht begann sie, sich eine neue Perspektive zu entwickeln. Die Wahrheit ist doch, daß niemand tatsächlich »alles« über eine Sache weiß. Das ist nicht möglich. Selbst wenn jemand alles wüßte, wäre es unmöglich, es in einer Rede einem Zuhörerpublikum weiterzugeben. Selbst ihr Chef hatte, wie sich Juliane erinnerte, vor einiger Zeit einen Vortrag gehalten, in dem er offen zugab, daß er eine Antwort auf eine Frage nicht wisse.

Wenn Juliane jetzt eine Rede vorbereitet und anfängt, sich Sorgen darüber zu machen, daß sie nicht alle Fakten hat, gelingt es ihr, sich recht schnell wieder zu fangen. Sie wiederholt für sich selbst: »Ich habe das Recht, nicht alles zu wissen.« Und dann fügt sie hinzu: »Ich habe das Recht,

Fehler zu machen«; »Ich habe das Recht, es nicht zu schaffen«; »Ich habe das Recht, es erneut zu versuchen.«

Durch kritische Überprüfung ihrer Selbstschutzmechanismen, die ihr verboten, für sich als Redner Rechte in Anspruch zu nehmen, gelang es ihr, ihr Bewußtsein durch positive, hilfreiche Gedanken zu stärken. Gedanken, die es ihr zusammen mit ihren neuerworbenen Sprachfertigkeiten ermöglichten, mit wachsendem Selbstvertrauen und immer leichter Vorträge zu halten.

Einige Leute haben berichtet, daß das leise oder laute Wiederholen von Sätzen oder Gedanken, die das Selbstbewußtsein stärken sollen, nicht genügt, um die tief eingegrabenen Hemmungen eines Lebens voller Zweifel zu überwinden. Für solche Leute empfehle ich ein einfaches Vorgehen.

- Wählen Sie drei oder vier Rechte, bei denen Sie besondere Schwierigkeiten haben, zuzustimmen, und schreiben Sie sie auf eine Karte von Postkartenformat.
- Verteilen Sie diese Karten in Ihrer Wohnung. Wenn Sie nicht wollen, daß sie für jeden sichtbar sind, dann klemmen Sie sie an die Innenseiten der Schubladen Ihres Kleiderschranks, in den Kühlschrank, in den Badschrank oder an andere Stellen, wo sie Ihnen regelmäßig ins Auge fallen. Jedesmal, wenn Ihnen eine dieser Karten begegnet, wiederholen Sie Ihre Aussage im Stillen. »Ich habe das Recht, Fehler zu machen,« oder »Ich habe das Recht, meine Meinung zu sagen«.

Durch diese regelmäßige Erinnerung an Ihre Rechte wird es Ihnen nach und nach gelingen, sich von alten Selbstschutzgedanken zu befreien und diese durch neue, das Selbstbewußtsein stärkende Gedanken zu ersetzen.

Talk Power für Frauen

Ich habe die Erfahrung gemacht, daß besonders Frauen oft Schwierigkeiten haben, ihr Recht zu reden für sich anzuerkennen. In einem Artikel in der *Sunday New York Times* (22. 3. 1981) schreibt Colette Dowling über ihr Buch *The Cinderella Complex* (Der Cinderella Komplex), das sich mit diesem Problem befaßt.

Bei einer Untersuchung unter 200 Studenten mit dem Berufsziel Psychoanalytiker am William Alanson Institut in New York fand Ruth Moulton, Chefanalytikerin (sie ist auch an der Fakultät der Columbia University tätig), heraus, daß 50% der befragten Frauen nicht wagten, in der Öffentlichkeit zu sprechen, im Vergleich zu nur 20% der befragten Männer. Bei einigen Frauen war die Angst so überwältigend, daß sie Zustände von Benommenheit und Schwächeanfälle hervorrief. Vor dem Rednerpult werden einige Frauen völlig konfus, vergessen, was sie sagen wollten, finden nicht die richtigen Worte und können den Zuhörern nicht in die Augen sehen. Oder sie erröten, geraten ins Stottern, oder ihre Simmen überschlagen sich in dem Moment, in dem jemand nicht ihrer Meinung ist.

Diese Ergebnisse stimmen mit meinen eigenen Beobachtungen überein. Auf dem Gebiet des öffentlichen Redens haben Frauen dieselben Probleme wie Männer *und noch mehr*... Die Gründe für dieses »und noch mehr« sind zahlreich.

- Traditionell werden viele Frauen von zu Hause zu sehr beschützt und für unmündig gehalten. Daher ist es für sie besonders schwierig, als Erwachsene eine Führungsrolle zu übernehmen.

- Eine Schwierigkeit mag auch darin liegen, daß manchmal Frauen – wie auch Männer – das Gefühl haben, daß eine Frau sich erst beweisen muß.
- Frauen sind so erzogen und haben gelernt, sich mit »femininen Gesten« auszudrücken, die keine Glaubwürdigkeit ausstrahlen. Dazu gehört z.B. beifallheischendes Umherschweifen der Blicke, Berührungen der Haare und des Körpers und übertriebenes Lächeln oder Kichern.
- Viele Frauen verstehen es nicht, mit ihrer Kleidung geschickt den größtmöglichen Effekt zu erzielen.
- Frauen sehen nur selten weibliche Rollenmodelle, die passende Beispiele für Darbietungen und Führerschaft liefern.
- Vielen Frauen ist auch der Unterschied zwischen bestimmtem und aggressivem Verhalten und einer schlauen Gefälligkeit in einer Führungsrolle nicht klar.
- Sehr gut sichtbar zu sein, ist für manche Frauen oft äußerst angsterregend.
- Frauen sind gegenseitig sehr kritisch – viel mehr, als dies Männer sind – und trauen anderen Frauen weniger als Männern. Daher neigen Frauen zu übermäßiger Selbstkritik und trauen ihren eigenen Fähigkeiten nicht.

Die Gründe für mangelndes Selbstvertrauen der Frauen und den hohen Grad an Unfähigkeit in der Rednerrolle ist daher nicht überraschend. Der Punkt, an dem angesetzt werden kann, ist, daß dazu *gelerntes* Verhalten gehört, das als der »femininen Rolle« angemessen erachtet wird.

Gelerntes Verhalten kann immer geändert und an seine Stelle ein erwünschteres Verhalten gesetzt werden. Nachfolgestudien unter Frauen, die das Talk Power-Programm durchgemacht haben, zeigen, daß aufgrund der erprobten Verhaltensänderungs-Techniken, die benutzt werden, um ein gutes Körperbewußtsein zu schaffen, Fähigkeiten zur systematischen Gedankengliederung und Techniken für den Umgang mit der Angst zu entwickeln, auf allen Gebieten mehr Selbstvertrauen weckt.

Eine meiner Kundinnen, eine sehr talentierte und energische Frau, war mehrere Jahre lang Vizepräsidentin einer Bürgerorganisation. Sie war das einzige weibliche Mitglied dieser wichtigen Organisation, die sich aus 125 der mächtigsten derartigen Organisationen an der Westküste zusammensetzte, und gleichzeitig Vorstandsvorsitzende. Die Gelegenheit jedoch, sich um die Präsidentschaft der Organisation zu bemühen, hatte sie verstreichen lassen, obwohl Status und Prestige, die sie in diesem Amt gehabt hätte, ihr sehr erstrebenswert erschienen. Sie bekam einen trockenen Mund, ihr Herzschlag beschleunigte sich und sie kam außer Atem, sobald sie versuchte, eine Rede zu halten. Sie lernte, eine Führerrolle in dieser hauptsächlich männlich besetzten Domäne zu akzeptieren, indem sie ihre Liste der Rechte eines Redners anwandte. Durch die einfachen Übungen, die sie durchführte, lernte sie, ihre Körperreaktionen in den Griff zu bekommen. Diese grundlegenden Techniken halfen ihr, ihre Angst so weit unter Kontrolle zu bekommen, daß aus ihr eine excellente Rednerin mit großem persönlichem Charme wurde. Heute genießt sie es, die einzige weibliche Präsidentin in dieser Art Organisation in Amerika zu sein. Es ist eine Position, von der sie sagt: »Ein Traum ist wahr geworden.«

Der Katalog der Rechte des Redners ist ein besonders wirkungsvolles Hilfsmittel, denn er schafft ein Klima, in dem Selbstbewußtsein wachsen kann. Er gibt denen, die aufgrund geringer Selbsteinschätzung unter Angst vor öffentlichen Redesituationen leiden, die nötige Grundlage, sich voller Selbstvertrauen zu äußern. Er ist vor allem hilfreich für Frauen.

Übung 27: Verstärkung Ihrer Rechte

Gehen Sie den Rechtekatalog des Redners durch und notieren Sie sich auf einer eigenen Karte all die Rechte, bei denen Sie in der Vergangenheit Schwierigkeiten hatten, sie sich zuzugestehen. Lesen Sie jedesmal, wenn Sie eine Rede proben, vorher sorgfältig den Katalog durch. Geben Sie sich selbst die Erlaubnis, zu reden.

Es geht hier nicht nur um »positives Denken«. Die ausdrückliche Wiederholung von Rechten, die Sie sich in der Vergangenheit abgesprochen haben, ist eine Technik zum Verhaltenstraining. Systematisch durchgeführt wird diese Wiederholung Ihnen helfen, ihre eigene Einschätzung von sich als Redner – sogar als Person – zu ändern.

Plan für Leute mit wenig Zeit

Ihre Rede ist Ihr persönliches Produkt. Alles, was als Gedanke beginnt und in der Welt als fertiges Produkt erscheint, durchläuft einen Produktionsprozeß. Und wie Ihnen jeder gute Manager sagen wird, werden die erfolgreichsten Produktionen mit ganz klaren Zielen, Vorgaben, Budgets und Zeitplänen entwickelt, geplant und ausgeführt. Da Ihr Vortrag eine Produktion ist, sind Ihre Managementfertigkeiten für seinen Erfolg von elementarer Bedeutung.

Talk Power-Produktionspläne

Talk Power-Pläne fallen in zwei Kategorien.

Der eine Typ dient dem Kurzvortrag (fünf bis 15 Minuten), für den keine weiteren Recherchen nötig sind, da Sie mit dem Thema vertraut genug sind.

Der zweite Typ ist für die anspruchsvollere Darbietung gedacht. Damit sind Reden jeder Länge gemeint, die Nachforschungen oder Untersuchungen erfordern, und vielleicht die Organisation optischer Hilfsmittel (Transparente vorbereiten, Dias oder anderes Material auswählen usw.). Bei der Vorbereitung des Kurzvortrags, der nur wenig oder keine weiteren Nachforschungen erforderlich macht, sollten ein oder zwei Sitzungen, bei denen der noch folgende Spielplan Ihnen als Organisationsmodell dient, für die schriftliche Abfassung des Vortrags genügen. Sodann empfehle ich für diese Darbietung mindestens eine Woche lang täglich zwei vollständige Proben des Vortrags.

Der Vortrag, bei dem intensive Vorbereitung nötig ist, ist jedoch ein Produkt, das gründlich geplant, geschrieben und geprobt sein will. Das ist einfach unvermeidlich. Ich habe jedoch feststellen müssen, daß die meisten meiner Studenten und Kunden keine realistische Vorstellung davon haben, wie sie an die Organisation der zur Vorbereitung eines komplexen, professionellen Vortrags nötigen Zeit und Arbeit herangehen sollen. Die meisten Leute sind sehr beschäftigt; sie haben noch so viele andere wichtige Dinge zu erledigen. Aus Verzögerungen werden Vernachlässigungen, und bevor sie es richtig merken, ist es schon ein oder zwei Tage vor ihrem Redetermin, und sie geraten in Hektik, arbeiten die Nächte hindurch und versuchen, in aller Eile etwas Sinnvolles zusammenzubasteln. Solch ein Vorgehen ist selbstverständlich keine Erfolgsstrategie.

Ein neuer Kunde, ein junger Rechtsanwalt, der sich auf Vermögensrecht spezialisiert hatte, wandte sich einen Tag vor einem geplanten Fünf-Minuten-Auftritt im Fernsehen hilfesuchend an mein Büro. Er war nicht nur nervös, er wußte auch, daß noch drei andere Diskussionsteilnehmer in der Sendung sein würden, von denen einer seiner Position sehr kritisch gegenüberstand. Wir vereinbarten in aller Eile ein Treffen.

Als ich ihn bat, mir darzulegen, was er zu sagen beabsichtige, antwortete er mir ziemlich ausweichend: »Ja, also ... genau weiß ich nicht, was ich sagen werde. Wissen Sie, ich möchte spontan sein ... Wenn ich dort bin, werde ich wissen, was ich zu sagen habe. Ich möchte dem Ganzen nicht die Spontaneität rauben. Ich habe meine Notizen mitgebracht, und ich möchte sie überarbeiten.«

Wir brauchten drei Stunden, um herauszuarbeiten, was

genau er in seinem Fünf-Minuten-Referat sagen wollte. Es dauerte drei Stunden, bis wir seine Grundaussage herausgearbeitet hatten und etwaige Erwiderungen, falls er ins Kreuzfeuer der Diskussion geraten sollte, und zwar so, daß der Eindruck von einem Profi entstehen konnte, der sein Geschäft versteht und auf der Höhe der Zeit ist.

Sein Auftritt verlief so gut, wie es unter diesen Umständen eben möglich war; aber was für eine gefährliche Art zu leben! Es wäre sinnvoller gewesen, wenn er mit der Arbeit für seinen Vortrag mindestens eine Woche vorher begonnen hätte, damit ihm die Angst und das elende Gefühl erspart geblieben wären. Die Gelegenheit, sich von seiner besten Seite zu zeigen – wäre das nicht etwas mehr aufgewendete Zeit wert gewesen?

Wenn mir Leute erzählen, daß sie am besten unter Druck arbeiten können, antworte ich, daß es unmöglich ist, eine gut durchdachte Rede einen oder zwei Tage vor dem geplanten Vortrag zu entwerfen, zu schreiben und einzuüben. Eine in aller Eile zusammengeschusterte Rede ist ein großer Fehler, insbesondere für Leute, die in erster Linie Probleme damit haben, vor einem Publikum zu sprechen. Dieser Fehler basiert darauf, daß viele Leute bereits Tage oder sogar Wochen vor einem Vortrag unter *Lampenfieber* leiden, einer besonders starken Art von Streß. Es kann sich in Form von schlaflosen Nächten, ständiger Sorge und der Furcht, daß der Auftritt in einem Desaster endet, äußern.

Wie viele Untersuchungen gezeigt haben, ist Lampenfieber in der Regel mit Vermeidungsverhalten gekoppelt. Jemand, der Angst vor einer Aufgabe hat, wird die Arbeit daran bis zur letzten Minute hinauszögern. Je näher der Zeitpunkt rückt, an dem eine Verschiebung nicht mehr möglich ist, desto größer werden die Angst und das Vermeidungsverhalten. *Der beste Weg, um Lampenfieber zu überwinden, ist es, sich sofort an die Arbeit zu machen.*

Auf den folgenden Seiten finden Sie verschiedene Tabellen und Übungspläne, die Ihnen beim Entwerfen, Schreiben und Üben Ihres Vortrags helfen. Kopieren Sie sie und benutzen Sie sie jedesmal, wenn Sie eine Rede zu halten haben.

Der Talk Power-Spielplan

Der Talk Power-Spielplan hat sich als unschätzbares Hilfsmittel eines Basis-Arbeitsprogramms auf ein oder zwei Seiten erwiesen.

Schritt 1
Bevor Sie eine Rede zu schreiben beginnen, füllen Sie immer *zuerst* den untenstehenden Teil A aus.

Teil A
Aufgabentyp (Art des Vortrags) ______________________
Datum der Auftragsstellung ______________________
Datum der Auftragsausführung ______________________
Anzahl der Vorbereitungstage ______________________
Ort der Ausführung ______________________
Wer wird anwesend sein? ______________________
Thema ______________________
Absicht (Ich *möchte, daß meine Zuhörer ...)* ______________________

____
Rededauer in Minuten ______________________

Schritt 2
Jetzt können Sie anfangen, Ihre Rede auf Karten zu schreiben.
Tragen Sie nach Beendigung jedes einzelnen Abschnitts die entsprechenden Informationen in Teil B des Spielplans ein. (Bedenken Sie, daß der Spielplan kein Ersatz für Ihre Rede ist. Er ist nur ein Leitfaden, der Ihnen eine Übersicht über den Verlauf Ihrer Vorbereitungen gibt.)

Teil B
Einleitungstyp ______________________
Themensatz ______________________
These ______________________
Art des Hintergrunds ______________________
Argumentationsabschnitt *(Tragen Sie die Zahl der Unterpunkte ein, die Sie vorzutragen beabsichtigen.)*
  Punkt A ______________________
  Punkt B ______________________
  Punkt C ______________________
  Punkt D ______________________
Höhepunkt ______________________
Schluß-Typ ______________________
Vorgesehene optische Hilfsmittel (falls beabsichtigt) ___
____

Sehen Sie sich noch einmal Ihre Absichtsäußerung und Ihren Thesensatz an. *Haben Sie erfüllt, was Sie sich vorgenommen hatten?* (Ja)/(Nein)

Ein Produktionsplan

Der folgende Plan ist ein Modell, das Ihnen zeigen soll, wie ein zweiteiliger Plan zum Schreiben und Üben eines komplexen Vortrags aussehen kann.
Hans H., im Bereich Öffentlichkeitsarbeit tätig, stellte sich diesen Terminkalender für einen besonders wichtigen Vortrag über neue Kostenabrechnungsverfahren zusammen.
Der Zweck dieses Plans ist es, anhand der Anweisungen für die an jeweils einem Termin zu erledigenden Aufgaben den zeitlichen Ablauf der Vorbereitungen auf einen schwierigen 30-Minuten-Vortrag zu zeigen, der in zwei Wochen gehalten werden soll.

Ein zweiteiliger »Produktions«-Plan (Beispiel)

Teil 1 – Schreibplan

Tag	Aufgabe	Uhrzeit	Ort	Anmerkungen für die Arbeit des nächsten Tages (auszufüllen nach Beendigung der Arbeit eines Tages)
1	Kalender für einen 12-Tages-Arbeitsplan zusammenstellen. Überlegen, welche Einleitung benutzt werden soll.	8.00 Uhr –9.00 Uhr	Büro	Einleitungstyp auswählen – Witz, Anekdote, oder gleich mit dem Themensatz beginnen?
2	Einleitung, Themen- und Thesensatz formulieren und nach möglichen Unterpunkten suchen.	Mittags	Am Schreibtisch	Arbeit in der Firmenbibliothek
3	Hintergrund zusammenstellen und vier Haupt-Unterpunkte entwerfen.	Der ganze Abend	Firmenbibliothek	Für Unterlagen und Zahlen zu den einzelnen Punkten sorgen.
4	Zwei Punkte voll ausarbeiten. Um optische Hilfsmittel kümmern.	20.00 Uhr –22.00 Uhr	Zu Hause	Noch zwei Unterpunkte in der nächsten Sitzung. Anweisungen betr. optische Hilfsmittel herausgegeben.

5	Keine Zeit für Vortragsvorbereitungen.			
6	Die letzten zwei Punkte ausarbeiten. Den Schluß schreiben und einmal ganz durchlesen.	1. Teil 13.00–14.15 h Durchlesen 20.00–20.30 h	Im Flugzeug Im Hotel	An den Frage- und Antwortteil denken.
7	Frage- und Antwortblatt vorbereiten. Optische Hilfsmittel in die Rede einbauen.	20.00–22.00 h	Zu Hause	Mit der Einstudierung beginnen.

Teil 2 – Übungsplan

Tag	Anfang – Ende	Erledigte Tätigkeit	Kommentar	Selbstbeurteilung Ruhig – nervös (1–10)
8	20.00 h–21.00 h	Eine komplette Probe plus einige nachträgliche Korrekturen betr. optische Hilfsmittel.	Langsamer sprechen im Hintergrundabschnitt.	7
9	12.00 h–13.45 h	Zwei komplette Proben plus Frage- und Antwortabschnitt.	Fühle mich etwas besser, noch daran denken, die Fragen für das Publikum zu wiederholen.	5

10	21.00 h–22.30 h	Zwei komplette Wiederholungen plus Frage- und Antwortabschnitt.	Scheine die Dinge unter Kontrolle zu haben. Fühle mich trotzdem noch nervös.	4
11	20.30 h–22.00 h	Zwei Generalproben, einmal allein, einmal mit meiner Frau im Frage- und Antwortabschnitt.	Bin bereit. Immer noch nervös.	4
12	8.00 h–9.00 h	Vortragstag. Letzter Blick auf vorbereitete Fragen und Antworten.	Das war's.	5

Ein zweiteiliger »Produktions«-Plan (Modell)

Teil 1 – Schreibplan

(Benutzen Sie diesen Plan als Kalendermodell für die Strukturierung der Zeit, die Sie für den geschriebenen Teil Ihres Vortrags aufwenden.)

Aufgabe ______________________ Vortragstermin ______________________

Zeit ______________ Ort ____________________ Thema ____________________

Absicht ______________________ Rededauer in Minuten ____________________

Tag	Zeitplan	Ort	Vollbrachte Tätigkeit	Kommentar für den nächsten Tag (auszufüllen nach Beendigung eines Tagesprogramms)
1				
2				
3				
4				
5				
6				
7				
8				

Teil 2 – Übungsplan (mit oder ohne Wochenende)

Tag	Zeit Anfang – Ende	Schwachstelle	Starker Punkt	Kommentar	Selbstbeurteilung ruhig – nervös (1–10)
Beispiel	8.30 h/8.50 h	Zweiter Punkt	Einleitung – Argumentations- abschnitt	Pause nach dem Thesensatz nötig	6
1					
2					
3					
4					
5					
6					
7					
8					

9					
10					
11					
12					
13					
14					

Vorgesehenes Datum und Uhrzeit: ______________________

Der Wechsel vom Wohnzimmer in die Arena der Öffentlichkeit

Es gibt zwei Wege, den Wechsel aus der Privatheit Ihres Heims in die Öffentlichkeit zu vollziehen. Sie können ihn, nachdem Sie das hier entwickelte Programm beendet haben, abrupt und übergangslos oder aber auch schrittweise vollziehen.

Lassen Sie uns zunächst einmal davon ausgehen, daß Sie sich bereit fühlen, sich einem echten Publikum in der Öffentlichkeit gegenüberzustellen. Dann werden wir uns einen schrittweisen Übergangsprozeß überlegen.

Ihr Weg auf die »Bühne«

Wir gehen nun davon aus, daß Ihre Rede fertig vorbereitet ist und daß Sie sie eine Woche lang (5 Tage) zweimal täglich geprobt haben.

1. Legen Sie sich am Abend vor Ihrem Auftritt genau die Kleidung zurecht, die Sie tragen werden. Frauen sind für solche Gelegenheiten mit einem Kostüm und attraktiver Bluse oder mit Blazer und Rock immer gut angezogen. Sorgen Sie dafür, daß Ihre Kleidung absolut sauber und nicht zerknittert ist. Frisch gebügelt wirkt die Kleidung immer adrett. Auch ein letztes Abbürsten kann Wunder wirken. Achten Sie darauf, daß Ihre Karten numeriert und in der richtigen Reihenfolge sind.

Sowohl Rauchen als auch der Genuß von Kaffee haben Einfluß auf Ihr sympathisches Nervensystem und stimulieren die Adrenalinproduktion. Versuchen Sie, wenn irgend möglich, in den 24 Stunden vor Ihrer Rede weder Kaffee noch Tee zu trinken. Oder reduzieren Sie zumindest den Konsum dieser Getränke, um zu vermeiden, daß diese Körperprozesse zu sehr angekurbelt werden. Wenn Sie Raucher sind, bemühen Sie sich, die Anzahl der gerauchten Zigaretten dadurch zu beschränken, daß Sie sich am Tag vor Ihrem Auftritt nur ein begrenztes Budget gestatten.

2. Gehen Sie zu einer vernünftigen Zeit zu Bett. Machen Sie die Atemübung und zählen Sie fünf Ein- und Ausatemzüge. Diese Übung wird Ihnen beim Einschlafen helfen. Sollten Sie überhaupt nicht einschlafen können, ist es das beste, wieder aufzustehen und den Vortrag einmal durchzuüben.

3. Bereiten Sie sich am Morgen mit der normalen Alltagsroutine vor, aber achten Sie darauf, *daß Sie für alles genügend Zeit zur Verfügung haben*, damit Sie nicht hetzen müssen. Hetze hat für den nervösen Redner katastrophale Auswirkungen. Trinken Sie keinen Kaffee oder Tee; essen Sie etwas Leichtes und lassen Sie sich Zeit dabei. Spielen Sie keine laute rhythmische Musik. Sanfte, entspannende Musik wirkt jedoch immer angenehm.

4. Versuchen Sie ganz allgemein an diesem Tag, Ihre Gangart zu verlangsamen, obwohl ich weiß, daß dies schwierig ist. Sobald Sie merken, daß Sie schneller werden, versuchen Sie Ihr Tempo in allem, was Sie tun, möglichst zu reduzieren. Rennen Sie nicht. Lassen Sie sich nicht in lange, komplizierte Diskussionen, Debatten oder – um Himmels willen – womöglich in einen Streit verwikkeln. Zu viel steht bei Ihnen auf dem Spiel, als daß Sie sich erlauben können, unter Druck und Streß zu geraten. Versuchen Sie, sich mit einer Glocke zu umgeben. Machen

Sie im Verlauf des Tages immer wieder einige der Körperbewußtseinsübungen aus Kapitel 2.

5. Egal, wann Ihr Vortrag an diesem Tag stattfinden soll, agieren Sie wie gute Schauspieler am Tage eines wichtigen Auftritts:

- Sprechen Sie weniger
- Essen Sie weniger
- Hetzen Sie nicht
- Gehen Sie mit sich selbst rücksichts- und liebevoll um.
- Gehen Sie nicht herum und erzählen allen Leuten, was mit Ihnen los ist – seien Sie sehr privat.
- Versuchen Sie, sich einfach zu verhalten.

Einer meiner Kunden, ein Politiker, hatte die Angewohnheit, sich vor Interviews in Talk Shows bis zum letzten Moment in intensive Diskussionen zu verstricken. Er dachte, dies gäbe ihm das für ihn wichtige Gefühl, »voll da« zu sein. Er konnte nie verstehen, warum er auf dem Bildschirm so angespannt und überdreht wirkte.

Ich bemerkte nicht, was er sich selbst antat, bis ich ihn eines Tages in eine Talk-Show begleitete. Er hatte zwar im Auto auf dem Weg dorthin seine Atemübungen gemacht, aber sobald er das Studio betrat, verwickelte er sich in eine hitzige Diskussion mit dem anderen Teilnehmer der Show.

»Aha!« sagte ich. »Das Rätsel ist gelöst. Sie behaupten, meinen Anweisungen Folge zu leisten, aber in Wirklichkeit tun Sie es nicht.« Das nächste Mal riet ich ihm, keine Diskussionen zu führen, bis die Show vorüber sei.

Was für einen Unterschied machte dies bei dem nächsten Fernsehauftritt meines Kunden aus. Der Produzent der Sendung kam nach der Show zu ihm, um ihn zu beglückwünschen und anzumerken, wie warm und sympathisch sein Auftritt gewesen sei, insbesondere angesichts des kontroversen Themas, über das er gesprochen hatte. Mein Kunde war hocherfreut und achtet seither peinlich genau darauf, langwierige Diskussionen vor seinen öffentlichen Auftritten zu vermeiden.

6. Wenn für Sie die Zeit zum Sprechen gekommen ist, gehen Sie langsam in den Saal oder den Raum, wo Ihr Vortrag stattfinden soll. Wenn es in Ihrem Büro ist, dann machen Sie einen kurzen Rundgang in die Eingangshalle und kehren in Ihr Büro zurück.

7. Wenn Sie einmal in Ihrem Vortragsraum sind, versuchen Sie, innerlich konzentriert zu bleiben, ganz gleich, welches Drunter und Drüber um Sie herum herrscht. Wenn Sie angesprochen werden, dann antworten Sie auf jeden Fall, aber fassen Sie sich kurz. Setzen Sie sich hin und zentrieren Sie sich sofort. Beginnen Sie mit dem ruhigen Atmen und dem Zählen.

Wenn die Zeit für Sie gekommen ist und Ihr Name aufgerufen wird:

- Konzentrieren Sie sich auf Ihre Fingerspitzen.
- Stehen Sie langsam auf.
- Balancieren Sie Ihr Körpergewicht aus.
- Gehen Sie langsam und entspannt nach vorn und konzentrieren Sie sich auf Ihre Fingerspitzen.
- Drehen Sie sich langsam zu Ihrem Publikum herum.
- Balancieren Sie wieder Ihren Körper aus.
- Nehmen Sie sich zwei Sekunden Zeit, um Ihren Körper zu fühlen.
- Machen Sie sich bereit, indem Sie sich das Bild oder

die Szene, mit der Sie Ihre Rede beginnen wollen, vorstellen ... und fangen Sie an zu sprechen.

Anweisungen/Anleitung für einen mehr schrittweisen Wechsel

Obwohl viele gewillt und auch fähig sind, innerhalb weniger Wochen Ihre Vortragsfertigkeiten vor einem öffentlichen Publikum zu testen, finden es andere schwierig, diesen Übergang so schnell zu vollziehen. Dieser Abschnitt wurde entwickelt, um Sie mit Hilfe einer Prozedur von schrittweisen öffentlichen Proben durch diesen Übergang zu führen.

Was Sie tun müssen, ist, einen Probevortrag vor einem selbst ausgewählten kleinen Publikum zu halten. Ich schlage vor, daß Sie beim allerersten Mal nur ein oder zwei Leute hinzuziehen, um das nötige Zuhörer-Sprecher-Verhältnis zu schaffen, mit dessen Hilfe Sie Ihre brandneuen Vortragsfertigkeiten ausprobieren. Suchen Sie sich einen Freund, Kollegen, ein Familienmitglied o.ä. für diesen Probelauf. Sobald Sie Ihre Auswahl getroffen haben, treffen Sie eine genaue Verabredung für Zeit und Ort dieser Übung. Je formaler Sie dies handhaben, desto besser ist es für Sie.

Setzen Sie sich hin und arbeiten Sie eine komplette Sieben-Minuten-Rede aus, unter Benutzung des Talk Power-Modells. Wählen Sie ein Thema aus, das Ihre Zuhörer interessiert und in dem Sie sich gut auskennen. Ein Anleitungsthema ist für solch einen Probevortrag ausgezeichnet geeignet.

Denken Sie daran, daß Sie Ihr Publikum auffordern,

während des Frage- und Antwort-Abschnitts nach Ihrer Rede Fragen zu stellen. Bereiten Sie sich darauf vor, die Fragen zunächst zu wiederholen und dann kurz, aber nicht übereilt zu beantworten. Achten Sie ebenfalls darauf, sich an Ihre Zeitvorgaben zu halten, indem Sie eine Wortvorratseinteilung für eine Sieben-Minuten-Rede vornehmen. Zählen Sie in jedem Abschnitt Ihre Worte und kürzen Sie, wenn Sie Ihr Budget merklich überschritten haben.

Wenn der Tag Ihres Auftritts gekommen ist, versuchen Sie, genauso ernsthaft daranzugehen, als wenn es ein richtiger Vortrag wäre. Das heißt, legen Sie nach Möglichkeit eine langsame Gangart den Tag über ein, essen Sie leicht, trinken Sie keine koffeinhaltigen Getränke und kleiden Sie sich, als stünden Sie den wichtigsten Leuten, die Sie kennen, gegenüber.

Diese Methode wird Ihnen eine sehr gute Vorstellung davon geben, welche Vorbereitungen bei einem »echten« Vortrag nötig sind. Und sie wird Ihnen dabei helfen, sich so gut und sicher zu fühlen, wie nur irgend möglich.

Versuchen Sie, vor Ihrem Auftritt Ihre Rede mindestens einmal täglich fünf Tage lang zu proben, einschließlich Ihres Vortrags-Tages. Kleiden Sie sich wie für den echten Auftritt.

Die Reaktion Ihres Publikums

Nehmen wir an, Sie haben bereits Ihre Rede für Ihr erstes Publikum gehalten. Fragen Sie Ihre Zuhörer nicht, wie Ihnen Ihre Rede gefallen hat. Alle Fragen der Art »Wie war ich?« sollten vermieden werden. Hier stelle ich Ihnen jedoch zwei Fragen vor, die Sie stellen können, wenn Sie von einem konstruktiven Feedback profitieren wollen:

1. *Habe ich mich klar ausgedrückt – haben Sie verstanden, wovon ich gesprochen habe?*
2. *War es leicht, mir zuzuhören – habe ich zu schnell gesprochen oder langweilige Manierismen gezeigt?*

Dies sind die beiden Hauptgebiete Ihrer Rede, die für Ihre Weiterentwicklung und für Fortschritte von Interesse sind. Konzentrieren Sie sich auf diese zwei Bereiche. Oft geschieht es, daß weitere Kommentare des Publikums auf Kosten Ihres Selbstvertrauens kritisch oder negativ sind. Vorschläge oder Kommentare darüber, was Sie alles hätten sagen können, was die wirklichen Schwerpunkte des Themas sind oder Äußerungen des Bedauerns darüber, daß Sie nicht davon überzeugt haben, daß Ihr Standpunkt der richtige sei, sind irrelevant.

Wenn es Ihnen gelungen ist, sich klar auszudrücken, und wenn Ihr Publikum es als angenehm empfunden hat, Ihnen zuzuhören, dann sind Sie am Ziel angekommen und bereit, eine »richtige« Rede in der Öffentlichkeit zu halten.

Wenn Ihre Zuhörer andererseits berichten, daß Sie nicht deutlich genug waren, dann versuchen Sie herauszufinden, wo das Problem liegt. Untersuchen Sie die Struktur Ihrer Rede; überprüfen Sie Ihre These, sehen Sie sich Ihre Unterpunkte an. Prüfen Sie, ob Ihre These in jedem Ihrer Unterpunkte erscheint und fragen Sie sich, was Sie hätten tun können, um Ihre Rede klarer zu machen.

Wenn Ihre Zuhörer berichten, daß es nicht leicht für sie war, Ihnen zu folgen – weil Sie so hastig gesprochen oder nervös gestikuliert haben oder sie mit anderen ermüdenden Verhaltensweisen abgelenkt haben –, nehmen Sie solche Rückkopplungen ernst und arbeiten Sie in den nächsten Tagen daran, das Problem zu korrigieren. Setzen Sie dann einen weiteren Probevortrag mit demselben Thema an. Plagen Sie sich nicht mit dem Schreiben eines neuen Vortrags; arbeiten Sie mit dem alten weiter, bis Sie für ihn die richtige Form gefunden haben.

Sollte in Ihnen ein Gefühl der Entmutigung oder der Hilflosigkeit erhalten bleiben, so mag es klug sein, zu Ihrer zweiten Probe vor Publikum andere Zuhörer einzuladen. Ein wohlmeinender Freund, eine Freundin oder eine andere Ihnen nahestehende Person kann manchmal übertrieben kritisch oder negativ in ihrem Urteil sein. Ihre Erwartungen sind möglicherweise so unerreichbar hoch und unrealistisch, daß sie Sie mit einem schrecklichen Gefühl von Unzulänglichkeit zurücklassen, obwohl derselbe Vortrag in einer anderen Umgebung, mit Ihrem Chef und Kollegen als Publikum, durchaus akzeptabel wäre.

Wenn Sie merken, daß die Reaktionen, die Sie erhalten, überwiegend negativ sind, dann versuchen Sie, noch andere Meinungen zu hören. Eine dritte oder vierte Meinung kann hilfreich sein, denn sie gibt Ihnen Gelegenheit, vor einem neuen Publikum zu üben. Tragen Sie vor jedem Publikum dieselbe Rede vor. Dadurch bekommen Sie einen klareren Blick dafür, wie gut oder schlecht Sie sind und welche Fortschritte Sie machen.

Erwartungen

Unrealistische oder unangemessene Erwartungen können auf das beste Trainingsprogramm verheerende Auswirkungen haben. Hier ist eine Liste mit konstruktiven und realistischen Erwartungen, die Ihnen bei Ihrer Entwicklung helfen werden:

Nervosität
Rechnen Sie damit, daß Sie ziemlich nervös sein werden. Denken Sie daran: Wenn Sie dem Talk Power-Plan gefolgt sind, werden Sie zwar noch immer nervös sein, aber Sie werden ruhig und gesammelt wirken.

Vertrauen
Erwarten Sie nicht, sich voller Vertrauen zu fühlen. Vertrauen entsteht aus einer Anhäufung erfolgreicher Erfahrungen. Sie brauchen sich nicht unbedingt vertrauensvoll zu fühlen, um in einer ausgeglichenen, vertrauensvoll erscheinenden Art und Weise vorzutragen.

Perfektion
Erwarten Sie nicht, daß Sie perfekt sind. Ihr Auftritt muß keineswegs dem Anspruch der Perfektheit genügen.

Lernen
Erwarten Sie, daß Sie eine Menge darüber lernen, wie weit Sie in Ihrem Trainingsprogramm sind und wieviel Sie noch daran arbeiten müssen.

Professionalität
Wenn Sie dem in diesem Buch entwickelten Programm

folgen, können Sie mit Sicherheit davon ausgehen, daß Sie professionell aussehen und handeln, unabhängig davon, wie nervös Sie sich fühlen.

Fortschritte
Sie können sicher erwarten, daß sich Ihre Auftritte mit jedem Vortrag verbessern. Erwarten Sie dies und versprechen Sie es sich selbst.

Schluß

Ich möchte zu Ihnen, dem Leser, genau dasselbe sagen, wie zu den Studenten in meinen Seminaren: »Ja, es gibt Hoffnung. Sie können ein gutes Gefühl über sich selbst haben, wenn Sie aufstehen, um zu sprechen.« Geben Sie sich diese Chance. Jede Minute, die Sie in die Arbeit mit diesem Programm investieren, wird sich für Sie tausendfach lohnen. Die Fertigkeiten, die Sie lernen, wenn Sie die Anweisungen ausführen und die Proben machen, sind Errungenschaften für das Leben.

Genau wie ein Schauspieler seine schauspielerischen Fertigkeiten niemals vergißt oder verliert, selbst wenn er viele Jahre lang nicht mehr aufgetreten ist, werden Sie Ihre Vortragsfertigkeiten, wenn Sie einmal Ihr Gedächtnis und Ihren Körper daraufhin trainiert haben, für den Rest Ihres Lebens behalten. Sie werden ein gutes Gefühl haben, wenn Sie aufstehen, um zu sprechen. Sie sind vielleicht immer ein bißchen nervös, aber Sie werden das Gefühl der Befriedigung haben, das damit einhergeht, daß Sie fähig sind, aufzustehen und sich richtig und gut auszudrükken. Wenn Sie aus irgendeinem Grund das Training in der Mitte Ihrer Übungsperiode unterbrechen, können Sie jederzeit wieder da anknüpfen, wo Sie aufgehört haben, denn eine einmal erworbene Fertigkeit ist tief verankert und wird zu einem dauerhaften Teil Ihrer selbst.

Hava Wolpert Richard, die Kunstdesignerin, nahm 1977 an meinem Seminar teil. Danach sah ich sie erst im Dezember 1981 wieder, als sie zu Ehren Ihres Vaters, dem weltberühmten Bildhauer Ludwig Y. Wolpert, eine außergewöhnliche Rede hielt. Im Hörsaal des jüdischen Museums in New York waren dreihundert Menschen versammelt. Als die Zeremonie vorüber war, beobachtete ich, wie Frau Richard von Gästen und Freunden belagert wurde, die alle voller Bewunderung für die Schönheit und bewegende Einfachheit ihrer Rede waren. Später sagte Frau Richard, eine eher scheue Person, zu mir: »Ich habe seit Ihrem Kurs keine Rede mehr gehalten. Ich habe diese Woche sehr hart gearbeitet, aber es war alles noch immer da.« Ich kann mir nichts vorstellen, das mit dem Gefühl von Belohnung vergleichbar wäre, das einen Lehrer überkommt, wenn er einen Schüler in einem Augenblick beruflichen oder persönlichen Triumphes erlebt. Das Erleben solcher Momente bei Hunderten und Aberhunderten von Studenten im Laufe der Jahre hat mir ein ungeheures Gefühl des Vertrauens in die Zuverlässigkeit und Gesundheit dieses Programms gegeben. Ich habe nicht nur Augenblicke des Triumphes erlebt, sondern ich habe auch gesehen, wie das Unmögliche möglich wurde.

Vor einigen Jahren hatte ich einen Studenten, der während seiner Abschiedsworte vor dem Rednerpult in Ohnmacht gefallen war. Er nahm an dem Programm teil, um schließlich einer der Sprecher seiner Berufsorganisation zu werden. Ein anderer junger Mann in einem meiner Seminare litt so stark unter den Auswirkungen der Angst vor dem öffentlichen Reden, daß ihm, sobald er vor einem Publikum stand, alles vor den Augen verschwamm. Der Mut und das positive Gefühl für die richtige Richtung, das ihm dieses Programm vermittelte, halfen ihm, seinen Weg aus dieser schrecklichen Angst heraus zu finden. Heute ist er für seine Firma als technischer Berater tätig und gibt Demonstrationsveranstaltungen auf der ganzen Welt. Nicht so dramatisch, aber genauso befriedigend waren die Fortschritte bei Studenten, die mit einem Minimum an Nervosität in die Seminare kamen, deren Vorträge aber ziemlich unausgefeilt und einfach schlecht waren. Nachdem sie alle Übungen und Proben durchgearbeitet hatten, gaben diese Studenten das Bild versierter Redner ab, die mit einem Witz und Charme glänzten, den sie selbst nicht von sich kannten.

Diese Berichte aus dem wirklichen Leben sind nicht ungewöhnlich. Und Sie sind nicht anders als all diese Leute, die dieses Programm mit dem starken Wunsch begannen, die Probleme, die zwischen ihnen und dem erfolgreichen Sprechen in der Öffentlichkeit standen, zu überwinden. Auch Sie können ein gutes Gefühl haben, wenn Sie aufstehen, um zu sprechen. Geben Sie sich selbst eine Chance. Arbeiten Sie an sich. Nehmen Sie sich das bißchen Zeit, das Sie brauchen werden, um mit den Übungen und Proben zu arbeiten. Nur zwanzig Minuten Übungszeit täglich in den nächsten drei Wochen können zu einem großen Durchbruch in Ihrem Leben führen.

»Die Motivation folgt auf die Handlung. Je mehr Sie tun, desto mehr werden Sie motiviert sein, noch mehr zu tun.« Geben Sie sich ein Chance.

ANHANG

Die Panik Klinik für öffentliches Reden

Die Panik Klinik für öffentliches Reden wurde für Leute entwickelt, die sich gegenüber dem Reden in der Öffentlichkeit so hilflos fühlen, daß sie sogar Angst haben, an einem Kurs für das Reden vor Publikum teilzunehmen. Wenn Sie an einem der unten aufgelisteten Symptome leiden, dann heißt das, daß Sie erst die speziellen Panik Klinik-Übungen durchführen müssen, bevor Sie fähig sind, die regulären Trainingsübungen in diesem Buch zu machen.

Paniksymptome

- Unerträglich schnelles Herzklopfen
- Angst vor einer Ohnmacht oder tatsächliche Ohnmachtsanfälle, wenn Sie vor einer Gruppe sprechen
- Hyperventilation (unkontrollierte, schnappende Atmung)
- Erstickungsanfälle
- Gefühle von tiefer Demütigung und Beschämung vor einer Gruppe
- Akuter Orientierungsverlust
- Denk- und Sprechblockade und Verlust der Erinnerung
- Verschwommene Sicht oder tränende Augen
- Benommenheit
- Sehr schnelles, unkontrolliertes Sprechen

- Das Vermeiden von Situationen, in denen man vor Publikum sprechen müßte

Der Grund dafür, warum Leute, die unter diesen extremen Symptomen leiden, mit den Übungen der Panik Klinik beginnen müssen, ist, daß der körperliche Streß, den sie fühlen, ihre Fähigkeit, einzelne Bereiche Ihres Körpers zu fühlen, völlig überdeckt. Es hat keinen Sinn, solchen Leuten zu sagen, sie sollen sich auf das Klopfen in ihren Fingerspitzen konzentrieren, denn meistens können sie dieses Klopfen noch nicht einmal wahrnehmen. Es ist, als ob diese Leute, wenn sie aufgefordert werden zu sprechen, Körpersignale nur durch extrem panische Empfindungen wahrnehmen können. Sie registrieren nur extrem unangenehme Empfindungen, wie unerträglich schnellen Herzschlag oder zu schnelles Atmen.

Die Fähigkeit, die Aufmerksamkeit willentlich auf verschiedene Teile des Körpers zu richten, ist integraler Bestandteil des Talk Power-Systems. Deshalb müssen Leute mit extremen Ängsten vor dem öffentlichen Reden zuerst lernen, die Körperbewußtseinsfertigkeiten zu entwickeln, die für die Kontaktnahme mit den eigenen körperlichen Erfahrungen in Streßsituationen wesentlich sind.

Auf den folgenden Seiten finden Sie einfache Übungen, die Ihnen helfen, ein Bewußtsein für Ihre körperlichen Erlebnisse zu entwickeln. Nur mit solch einem Bewußtsein können Sie lernen, ungewollten beschleunigten Herzschlag und andere Körperreaktionen, die mit einer tiefen Angst vor dem öffentlichen Sprechen einhergehen, unter Kontrolle zu bekommen.

Dieses spezielle Programm sollten Sie zwei oder drei Wochen lang durchführen, wobei Sie täglich zehn oder zwanzig Minuten lang Übungen machen. Dann werden Sie in der Lage sein, das reguläre Programm zur Entwicklung von Sprechfertigkeiten zu beginnen.

Panik Klinik-Übungen

1. Tag (10 Minuten)

Lassen Sie uns mit einem ruhigen Raum beginnen – keine Ablenkung, keine Telefonanrufe. Ihre ganze Aufmerksamkeit und Konzentration wird jetzt benötigt. Nehmen Sie einen Küchenwecker und stellen Sie ihn auf zehn Minuten ein.

Sie brauchen noch einen Gegenstand (ein Buch, einen Aschenbecher, eine Pflanze), der etwa ein bis zwei Kilo wiegt.

1. Stellen Sie den Gegenstand auf einen Tisch. Jetzt stellen Sie sich hin und nehmen den Gegenstand auf. Halten Sie ihn in der Hand und wägen Sie sein Gewicht, als ob Ihre Hand eine Waagschale wäre. Spannen Sie die Muskeln, mit denen Sie den Gegenstand halten, nicht an; halten Sie ihn locker. Kichern Sie nicht; halten Sie nur Ihre Hand ruhig.

2. Wechseln Sie den Gegenstand langsam von Ihrer rechten Hand in Ihre linke Hand (zählen Sie bis fünf). Während Sie den Gegenstand von einer Hand in die andere legen, konzentrieren Sie sich weiterhin auf das Gewicht in Ihrer Hand. Verkrampfen Sie sich nicht, während Sie den Gegenstand von einer Hand in die andere nehmen. Wechseln Sie jetzt fünfmal hin und zurück von einer Hand in die andere. Stellen Sie den Gegenstand langsam zurück auf den Tisch. Fühlen Sie sein Gewicht, bis Sie ihn loslassen.

3. Setzen Sie sich hin und entspannen Sie sich. Schließen Sie die Augen und zählen Sie ganz langsam bis zehn. Versuchen Sie, alle Spannung loszuwerden. Dann wiederholen Sie die obige Übung, bis die zehn Minuten vorüber sind. Beschäftigen Sie sich danach mit etwas anderem. Achten Sie nicht auf Ergebnisse.

2. Tag (10 Minuten)

1. Wiederum in einem ruhigen Raum, den Küchenwekker auf zehn Minuten gestellt. Nehmen Sie denselben Gegenstand zur Hand wie am Tag zuvor.

2. Machen Sie dieselbe Übung wie am Tag zuvor einmal. Setzen Sie sich danach hin und ruhen Sie sich aus.

3. Nachdem Sie sich ausgeruht und bis zehn gezählt haben, nehmen Sie den Gegenstand auf und gehen Sie damit ganz langsam zur anderen Seite des Raumes. Konzentrieren Sie sich die ganze Zeit auf das Gewicht des Gegenstands. Gehen Sie langsam. Stellen Sie den Gegenstand hin. Setzen Sie sich hin und ruhen Sie sich aus, wobei Sie die Augen schließen und langsam bis zehn zählen.

4. Nehmen Sie den Gegenstand erneut auf. Konzentrieren Sie sich auf sein Gewicht. Gehen Sie langsam zurück an Ihren Ausgangspunkt, stellen Sie den Gegenstand ab und erholen Sie sich, mit geschlossenen Augen bis zehn zählend.

Wiederholen Sie dies zehn Minuten lang oder bis der Wecker klingelt.

Achten Sie nicht auf Ergebnisse.

3. Tag

1. Verfahren Sie wie am 1. und 2. Tag.

Sie brauchen wieder den Gegenstand vom letzten Mal

und noch zwei andere, die etwas leichter oder schwerer als dieser sind (z.B. ein etwas leichterer Briefbeschwerer und ein schwereres Wörterbuch als die bisher benutzte Pflanze). Es ist nicht nötig, die Gegenstände zu wiegen, solange sie nur eine gewisse Größe haben und unterschiedliches Gewicht.

2. Nehmen Sie jeden Gegenstand *langsam* auf, spüren Sie sein Gewicht und stellen Sie ihn wieder hin. Achten Sie auf das unterschiedliche Gewicht der drei Gegenstände. Versuchen Sie, Ihren Körper dabei so entspannt wie möglich zu halten. Achten Sie darauf, daß Sie sich nicht anspannen. Wenn Sie einen Gegenstand hinstellen, versuchen Sie, sich so weit wie möglich zu entspannen, bevor Sie den nächsten Gegenstand aufnehmen.

3. Nachdem Sie nacheinander jeden Gegenstand aufgenommen haben, setzen Sie sich hin, schließen die Augen und zählen langsam bis zehn. Dann beginnen Sie mit der Übung von vorn.

Wiederholen Sie dies bis die zehn Minuten um sind.

4. Tag

1. Machen Sie dieselbe Übung wie am 3. Tag. Machen Sie die Übung einmal ... setzen Sie sich hin und ruhen Sie sich aus.

2. Nachdem Sie einmal langsam bis zehn gezählt haben, nehmen Sie einen Gegenstand auf und gehen damit durch den Raum. Kehren Sie zurück an Ihren Ausgangspunkt und ruhen Sie sich aus. Nehmen Sie dann den nächsten Gegenstand und gehen wiederum durch den Raum. Achten Sie darauf, sich nach jedem Gang auszuruhen. Machen Sie zehn Minuten lang so weiter.

5. Tag

1. Wählen Sie einen Gegenstand von etwa zwei bis drei Pfund Gewicht aus. Überlegen Sie sich einen Vers oder ein einfaches Lied, das Sie auswendig kennen.

2. Stellen Sie sich hin und nehmen Sie den Gegenstand auf, wobei Sie sich auf sein Gewicht konzentrieren, wie Sie dies am 1. Tag gemacht haben. Während Sie dies tun, beginnen Sie, den Vers oder das Lied leise vor sich hin zu flüstern. (Wenn Ihnen ein Vers nicht zusagt, suchen Sie sich ein Lied oder irgendein Gedicht aus, das Sie gut kennen.) Vergessen Sie nicht, daß Sie den Gegenstand nur locker halten, gerade fest genug, daß er nicht herunterfällt.

Halten Sie den Gegenstand in der Hand und bleiben Sie so lange stehen, bis Sie das Lied oder das Gedicht beendet haben. Seien Sie sich die ganze Zeit über, während Sie sprechen, des Gewichts des Gegenstands bewußt.

3. Setzen Sie sich hin und entspannen Sie sich. Schließen Sie die Augen und zählen Sie bis zehn. Wiederholen Sie dann die Übung, bis zehn Minuten vorüber sind.

6. Tag

1. Folgen Sie den Anweisungen für den 5. Tag. Gehen Sie jedoch diesmal durch den Raum, wobei Sie den Gegenstand halten und den Vers aufsagen oder das Lied singen.

2. Nachdem Sie durch den Raum gegangen sind, stellen Sie den Gegenstand ab und zählen bis zehn. Sodann nehmen Sie ihn wieder auf und gehen, während Sie sprechen oder singen. Lassen Sie sich Zeit. Achten Sie die ganze Zeit, während Sie sprechen bzw. singen und gehen, auf das Gewicht des Gegenstands. Sehr wichtig ist, daß Sie so langsam wie möglich gehen.

7. Tag

1. Stellen Sie sich hin.

Arbeiten Sie mit drei Gegenständen von unterschiedlichem Gewicht, bleiben Sie stehen und sprechen bzw. singen Sie. Wiederholen Sie dies zehn Minuten lang.

2. Durchqueren Sie den Raum nacheinander mit jedem Ihrer drei Gegenstände. Achten Sie auf das jeweils unterschiedliche Gewicht. Nach jeder Durchquerung des Raumes erholen Sie sich.

Wiederholen Sie dies zehn Minuten lang. Wenn Sie sich bereit fühlen, über diese vorbereitenden Übungen hinauszugehen und mit dem Talk Power-System zu beginnen, werden Sie folgendes erfahren:

- Ein umfassendes Gefühl der Ruhe
- Eine Verlangsamung Ihres Herzschlags
- Ein leichtes Bewußtsein von Körpergewicht und Schwere, während Sie gehen
- Eine Erleichterung des körperlichen Unwohlseins, das Sie vorher empfunden hatten
- Eine Dämpfung Ihrer Neigung, sich schnell zu bewegen

Wenn Sie sich noch nicht ausreichend vorbereitet fühlen, dann wiederholen Sie auf jeden Fall noch eine weitere Woche lang diese Übungen. Es kommt nur selten vor, daß Leute auch nach drei Wochen nicht auf diese Übungen ansprechen.

Panik-Klinik-Ablauf

Tag	Einstellung	Zeit – Anfang/Ende	Kommentar	Selbstbewertung Ruhig – nervös (1–10)
Beispiel	Skeptisch	7.30 h/7.50 h	sehr schwierig	7
1				
2				
3				
4				
5				
6				
7				

Fortgeschrittene Gefühlserinnerungs-Vergegenwärtigungs-Übung

Sich etwas vergegenwärtigen bedeutet einfach, sich in einem Zustand tiefer Entspannung eine ganze Szene so detailliert wie möglich vorzustellen. Diese Technik wird oft beim Sport angewandt, als geistiges Training für Spieler, um schwierige Situationen und unerwartete Ereignisse zu meistern. Den Spielern wird beigebracht, sich in einem Zustand tiefer Entspannung den Verlauf eines ganzen Spieles vorzustellen. Basketballspielern, Skifahrern, Tennisspielern und Gymnasten ist diese Technik oft überaus hilfreich.

Der Australier Alan Richardson experimentierte mit drei Gruppen von Basketballspielern. Nach drei Wochen hatte er herausgefunden, daß eine Gruppe, die sich die Spiele nur vergegenwärtigt hatte, jedoch kein praktisches Training gemacht hatte, dieselben Fortschritte gemacht hatte, wie die Gruppe, die gleichzeitig noch trainiert hatte. Die dritte Gruppe, die keinerlei Vergegenwärtigungsübungen gemacht hatte, zeigte keine Verbesserung.

Wenn wir die Technik, mit der wir die Erinnerung an ein Gefühlserlebnis ins Gedächtnis zurückrufen, mit der Vergegenwärtigung kombinieren, dann haben wir das sogenannte Gefühlserinnerungs-Vergegenwärtigen. Wir rufen uns eine Szene ins Gedächtnis zurück, wobei wir versuchen, uns an so viele Empfindungen wie möglich aus dieser Szene zu erinnern. Dies geschieht in einem Zustand tiefer Entspannung.

Wenn Sie Ihre Übung etwas variieren möchten oder wenn Sie in der Situation sind, daß Sie zwar gerne Ihre

Zeit nutzen würden, um Ihre Rede zu proben, aber keine Gelegenheit haben, sich hinzustellen und laut vorzutragen, dann kann die Gefühlserinnerungs-Vergegenwärtigung eine ideale Technik zum Proben einer Rede sein.

Bevor Sie beginnen, lesen Sie die Anleitung sorgfältig durch. Wenn Sie wollen, sprechen Sie diese Anweisungen auf Tonband, damit Sie sie abhören können, wenn Sie mit der Entspannung beginnen. Dort, wo im Text Punkte sind, machen Sie eine Pause.

1. Stellen Sie sich vor, daß Sie sich in dem Raum befinden, in dem Sie Ihre Rede halten sollen. Versuchen Sie, in Ihrer Vorstellung folgendes zu sehen:
Die Form des Raumes ...
Die Farbe der Wände ...
Das Licht in dem Raum ...
Die Möbel ... Sind Stühle da? ... Welche Farbe haben sie? ...
Die anderen Leute in dem Raum ...
Ihre Kleidung ... (nehmen Sie sich die Zeit, jede einzelne Person anzusehen)

Es ist normal, wenn Sie bemerken, daß Ihre Erregung steigt. Atmen Sie ruhig weiter.

2. Stellen Sie sich nun vor, daß Sie in diesem Raum sitzen ... Betrachten Sie Ihre Kleidung ... Auch Ihre Schuhe oder Stiefel ...

Versuchen Sie, in Ihrer Vorstellung mit den Fingerspitzen den Stoff Ihrer Kleider zu fühlen ...

Versuchen Sie zu hören, welche Geräusche in dem Raum sind ...

Wenn es irgendwelche Gerüche in dem Raum gibt, versuchen Sie, sie in Ihrer Vorstellung aufzunehmen ...

Wenn Sie jetzt etwas nervös werden, ist das nicht ungewöhnlich.

3. Fangen Sie an, sich auf das Pulsieren in Ihren Fingerspitzen zu konzentrieren, genau wie bei einem richtigen Vortrag. Jetzt, da Sie sich die Umgebung für Ihre Rede vergegenwärtigt haben, versuchen Sie, sich vorzustellen, daß Sie von Ihrem Stuhl aufstehen ... Ihr Gewicht ausbalancieren ... und dann langsam und gemächlich nach vorne vor Ihre Zuhörer gehen.

Wenn Sie allzu nervös werden, beginnen Sie einfach wieder mit Ihrer ruhigen Atmung und warten Sie, bis Sie sich bereit fühlen, weiterzumachen.

4. Gehen Sie Ihre ganze Rede durch. Beginnen Sie mit Ihren einleitenden Worten, und gehen Sie in Ihrer Vorstellung jeden einzelnen Abschnitt genau durch. Das Wichtigste bei dieser Probe ist, *daß Sie sich so viel Zeit wie nötig nehmen, um jeden einzelnen Abschnitt Ihrer Rede durchzugehen*, einschließlich der Pausen und Erholungsabschnitte.

Wenn Sie in Ihrer Rede optische Hilfsmittel benutzen, stellen Sie sich vor, wie Sie mit den einzelnen Hilfsmitteln langsam und vorsichtig umgehen. Versuchen Sie, jeden Gegenstand, den Sie in die Hand nehmen, zu fühlen, jede Karte und jedes Bild, mit dem Sie arbeiten, zu sehen. Je genauer Sie sich die Probe vorstellen können, desto umfassender werden Sie davon profitieren.

Heben Sie von Zeit zu Zeit den Blick und versuchen Sie, in Ihrer Vorstellung Ihre Zuhörer zu sehen, die Ihre Blicke auf Sie gerichtet haben und Ihnen ruhig ... zustimmend ... manchmal nickend ... zuhören.

5. Wenn Sie Ihre Rede beendet haben, versuchen Sie, die Zustimmung und den Respekt, der Ihnen auf den Gesichtern Ihrer Zuhörer entgegengebracht wird, wahrzu-

nehmen ... Empfinden Sie dieses Gefühl des Erfolgs ... Gönnen Sie sich den Stolz auf Ihre eigene Leistung ...

Während Sie so im Inneren üben, entwickeln Sie Erfolgsmechanismen: Ein Gefühl der Erfahrung beim Reden in der Öffentlichkeit, Übung darin, für sich selbst einen Rhythmus zu finden, die Fähigkeit, sich in Vortragsstimmung zu versetzen, ein Gefühl, sich unter Kontrolle zu haben.

6. Vergegenwärtigen Sie sich nach Ihrer Rede den Frage- und Antwortabschnitt, wie vorher in Kap. 11 beschrieben. Die Vergegenwärtigungsübung kann eines Ihrer wirkungsvollsten Instrumente sein, um hier Angst zu überwinden, da sie Sie mit Auftrittserfahrung versorgt, die für Sie absolut risikofrei ist.

Untersuchungen haben gezeigt, daß ständiges und regelmäßiges Auftreten in der Öffentlichkeit einer der besten Wege ist, um Angst zu überwinden. Obwohl Sie sich bei Ihrer Vergegenwärtigungsübung gar nicht bewegen, haben Experimente gezeigt, daß, wenn Sie sich ein bestimmtes Handeln vorstellen, in den Muskeln, die für dieses Handeln benötigt werden, kleine elektrische Impulse registriert werden. Das heißt, daß die Vergegenwärtigungsübung einen ähnlichen Effekt wie wirkliches Handeln hervorruft.

Die Wiederholung dieser Vergegenwärtigungsübung wird mit Sicherheit für einen glatteren, flüssigeren Ablauf Ihres Vortrags sorgen.

Kinästhetische Übung (Gestik und Mimik)

Im Laufe der Jahre habe ich feststellen müssen, daß ein bestimmter Prozentsatz meiner Studenten und Kunden zwar recht gut auf das Talk Power-Übungssystem anspricht, jedoch beim Vortragen noch immer über ein Gefühl der Befremdung klagt. Obwohl diese Leute fähig sind, aufzustehen und angemessen vorzutragen, bleibt doch immer der vage Eindruck zurück, als ob sie von ihren Worten nicht wirklich überzeugt wären. Es ist, als gäbe es keine Verbindung zwischen der Rede und dem Rest des Körpers. Meine Hypothese ist, daß bei diesen Leuten der normale Fluß von Energie in Gedanken, Sätze und Gesten irgendwie blockiert ist. Das Ergebnis drückt sich in folgenden Symptomen aus, die mir berichtet wurden:

- »Das Gefühl, daß die Worte nicht wirklich aus meinem Mund kommen.«
- »Das Gefühl, als steckte das Wort in meinem Kopf fest.«
- »Das Gefühl körperlicher Steifheit und Zusammenhanglosigkeit. Ich höre meine Worte, aber ich empfinde sie nicht als meine eigenen.«

Die Übung für Gestik und Mimik (sie ist für dieses Problem eine perfekte Übung) ist eine alte Schauspielerübung, die Ihnen helfen wird, sich so weit zu lockern, daß Sie ein besseres Gefühl für Ihr Vortrags-Ich bekommen und sich weniger angespannt und verhalten empfinden. Sie sollten diese Übung jedoch nicht machen, bevor Sie das ganze Talk Power-Trainingsprogramm durchgearbeitet haben, denn das Loslassen der Kontrolle, das es verlangt, ist für den Neuling eher schädlich.

Sie brauchen für diese Übung einen Aufbau. Nehmen Sie Ihre Karten und heften Sie sie an eine Wand in dem Raum, in dem Sie proben werden, so daß Sie sie leicht sehen können, ohne sie halten zu müssen.

Jetzt lesen Sie diese Anweisungen sorgfältig durch und beginnen:

1. Setzen Sie sich hin. Lassen Sie alle Spannung von sich abfallen und zentrieren Sie sich. Atmen Sie durch die Nase ein und sanft durch den Mund aus. Tun Sie dies 20mal.

2. Konzentrieren Sie sich auf Ihre Fingerspitzen und stehen Sie auf. Balancieren Sie Ihren Körper gleichmäßig aus und gehen Sie dann langsam zu der Stelle, an der Sie Ihre Karten an der Wand befestigt haben.

3. Proben Sie Ihre Rede mimisch.

In der kinästhetischen Übung gibt es keine gesprochenen Worte. Die ganze Probe besteht nur daraus, daß Sie Ihre Hände, Füße und Ihren Gesichtsausdruck so lebhaft wie möglich einsetzen und jedes Wort Ihrer Rede mimen. Lebhaft heißt: mit dem Kopf nicken, die Arme herumschleudern, mit den Füßen stampfen, Grimassen schneiden. Versuchen Sie, die Bedeutung jedes Wortes so anschaulich wie möglich in Ihrer Rede zu vermitteln, ohne zu sprechen. Wenn Sie dies richtig machen, werden Sie sich nach Beendigung der Übung sehr entspannt und doch energiegeladen fühlen.

Wenn Sie diese Übung schwierig finden sollten oder

sich zu gehemmt oder peinlich berührt fühlen, um dies sogar allein in einem Raum für sich zu machen, können Sie sicher sein, daß Sie diese Übung brauchen, um körperliche Hemmungen zu überwinden. Auch wenn dies zunächst unangenehm für Sie ist – wenn Sie diese Übung einmal täglich zwei Wochen lang zusätzlich zu ihren normalen Proben durchführen, werden Sie es viel leichter finden, einen richtigen Vortrag zu halten. Studenten haben berichtet, daß sie sich nach Durchführung dieses Programms um 50% oder mehr körperlich wohlgefühlt und sie eine bessere Beziehung zu ihrem eigenen Sprechen empfunden haben.

Denken Sie daran: Einfach nur aufzustehen und sich gefühlvoll zu bewegen ist nicht genug. Bei der kinästhetischen Übung müssen Sie versuchen, in die Worte und die Bedeutung Ihrer Rede Energie und Ausdruck hineinzulegen, ohne ein lautes Wort zu sagen. Die Fähigkeit, starke Gefühle körperlich auszudrücken, setzt die Energie frei, die Sie brauchen, um die Feinheit Ihrer Gedanken mit Leben zu füllen.

Die kinästhetische Übung sollte nicht von einem nervösen Redner, der das ganze Talk Power-Programm mindestens zwei Wochen lang nicht mehr absolviert hat, gemacht werden. Der Grund dafür ist einfach, daß die verlangten heftigen Gesten und Bewegungen all die unbeabsichtigten Bewegungen und Zuckungen eines nervösen und untrainierten Redners verstärken. Und diese müssen zuerst unter Kontrolle gebracht werden.

Teilnahme an Gruppen und Veranstaltungen

Die Angst vor dem Sprechen in der Öffentlichkeit und seinen Auswirkungen kann zu Hemmungen führen, die Sie davon abhalten, sich in einer Vielzahl von Situationen zu Wort zu melden. Viele Leute, die in meine Seminare kommen, berichten, daß sie nicht fähig sind, in einer Runde von Leuten Fragen zu stellen oder Kommentare anzubringen. Gruppenveranstaltungen und Konferenzen sind auch für den ein Problem, der Schwierigkeiten mit dem Sprechen vor Publikum hat. Oft berichten Studenten, nachdem sie das Trainingsprogramm sorgfältig durchgearbeitet haben, daß ihre Ängste, die sie an einer Teilnahme an Gruppendiskussionen und Konferenzen hindern, wesentlich verringert worden sind. Wenn Sie jedoch den Wunsch haben, Ihre Teilnahmefreudigkeit an solchen Gruppenveranstaltungen noch weiter zu verbessern, sollten Sie unten beschriebene Übungsaufgabe durchführen. Ich möchte hier darauf hinweisen, daß diese Übung Ihnen mit größerer Wahrscheinlichkeit hilft, wenn Sie sie erst *nach* Durchführung der Übungen zur Erreichung der grundlegenden Vortragsfertigkeiten, die am Anfang dieses Buches stehen, machen. Für diese Übung müssen Sie Ihren Kassettenrecorder mit in die Veranstaltung nehmen, um diese dann, wenn es erlaubt ist, auf Band aufzuzeichnen. Sollte Ihnen dies nicht gestattet werden, dann machen Sie während der Veranstaltung Notizen und sprechen diese später auf Band. Das Band sollte etwa dreißig Minuten lang sein.

1. Schritt

Wenn Sie zu Hause sind und Ihre Probe machen wollen, stellen Sie den Kassettenrecorder mit dem von Ihnen aufgenommenen Band in Ihre Nähe, damit Sie ihn leicht an- und abschalten können. Jetzt setzen Sie sich hin ... Lassen Sie alle Spannung von sich abfallen ... Zentrieren Sie sich ... Atmen Sie 20mal durch Ihre Nase ein und durch den Mund aus. Sie können Ihre Augen ganz nach Wunsch offen lassen oder geschlossen halten. Schalten Sie jetzt Ihren Kassettenrecorder ein und spielen Sie sich das Band von der Veranstaltung vor. Wahrscheinlich werden Sie einen Spannungsanstieg verspüren, sobald Sie die Diskussion hören. Das ist absolut natürlich. Sitzen Sie einfach da und hören zu und atmen. Sobald Sie das Gefühl haben, daß Sie zuhören und gleichzeitig in einem angenehmen Rhythmus atmen, beginnen Sie, sich auf Ihre Fingerspitzen zu konzentrieren und hören Sie sich das ganze Band an, bis es zu Ende ist. Spulen Sie es zurück.

2. Schritt

Schreiben Sie jetzt drei verschiedene Fragen und drei verschiedene Anmerkungen, die Sie möglicherweise angebracht hätten, wenn dies eine echte Sitzung gewesen wäre. Eine sehr gute Formel zur Strukturierung eines Kommentars ist es, z.B. zu sagen:

Bezugnehmend auf ...
(was diesen Punkt betrifft ...)
bin ich der Meinung, daß ...
Denn ... (1. Grund)
und außerdem ... (2. Grund, falls vorhanden)

Beispiel:
Was Wortmeldungen bei Gruppendiskussionen betrifft, bin ich der Meinung, daß es sehr hilfreich ist, sich selbst zu versprechen, daß man bei jeder derartigen Veranstaltung, die man besucht, zumindest eine Wortmeldung macht. Denn dieser systematische Plan wird schnell die Hemmungen, bei Gruppenveranstaltungen zu sprechen, reduzieren, und wenn Sie diesen Entschluß bereits gefaßt haben, brauchen Sie dies nicht mehr während der Veranstaltung zu tun. Sie werden es einfach tun, weil Sie es tun müssen.

3. Schritt
Sie haben jetzt drei Fragen und drei Kommentare aufgeschrieben, die sich auf die Diskussion auf Ihrem Tonband beziehen. Setzen Sie sich wieder hin ... Zentrieren Sie sich ... Lassen Sie alle Spannung von sich abfallen ... Atmen Sie 20mal durch die Nase ein und durch den Mund aus. Schalten Sie Ihren Kassettenrecorder ein. Sie sitzen, hören zu und atmen ... Sobald Sie das Gefühl haben, daß Sie in einem angenehmen Rhythmus zuhören und atmen, konzentrieren Sie sich auf Ihre Fingerspitzen. Stellen Sie jetzt Ihren Kassettenrecorder ab, und wenn Sie eine Frage zu stellen haben, sagen Sie laut: »Ich habe eine Frage.« Dann stellen Sie Ihre Frage. Wenn Sie beabsichtigen, einen Kommentar zu äußern, sagen Sie: »Ich habe eine Anmerkung zu machen«, und sprechen Sie einen der vorbereiteten Kommentare, die Sie soeben niedergeschrieben haben. Wenn Sie wollen, können Sie die Frage oder die Anmerkung ablesen, aber sprechen Sie langsam und deutlich.

4. Schritt
Sobald Sie Ihre Frage oder Ihren Kommentar beendet haben, schalten Sie Ihren Kassettenrecorder wieder ein und hören Sie weiter Ihr Band ab. Es spielt keine Rolle, an welchem Punkt Sie Ihren Kassettenrecorder an- oder abschalten und sprechen. Der Zweck dieser Übung ist einfach, Sie mit der Prozedur des Fragestellens und Kommentierens im Kontext einer Gruppendiskussion oder Gemeinschaftsveranstaltung vertraut zu machen.

Während Sie Ihr Band abhören, arbeiten Sie weiter wie zuvor und konzentrieren sich auf Ihre Fingerspitzen. Schalten Sie nach etwa fünf Minuten das Gerät wieder aus und stellen eine andere Frage oder machen eine andere Anmerkung. Sprechen Sie langsam und deutlich. Sobald Ihre Frage beendet ist, schalten Sie Ihr Tonbandgerät wieder ein und hören sich das Band weitere fünf Minuten lang an, atmend und sich auf die Fingerspitzen konzentrierend.

Schalten Sie das Gerät erneut ab und wiederholen Sie diesen Vorgang, bis Sie all Ihre Fragen und Kommentare vorgebracht haben.

Führen Sie diese ganze Übung eine Woche lang einmal täglich durch.

Nach einer solchen Probewoche zu Hause wird es Zeit für Sie, sich einer wirklichen Übungssituation auszusetzen. Das heißt, Sie müssen sich entschließen, auf jeder Gemeinschaftsveranstaltung, Sitzung oder Versammlung, die Sie in den nächsten zwei Wochen besuchen, eine Frage zu stellen oder eine Anmerkung zu machen. Stellen Sie eine Frage, selbst wenn Sie die Antwort kennen. Es geht darum, bei jeder Gruppenveranstaltung einmal etwas zu sagen. Sollten Sie das Gefühl haben, daß Sie nach einer Woche nicht fähig sind, Fragen zu stellen, dann machen Sie zu Hause Ihre Übungen mit dem Tonbandgerät noch eine oder sogar mehrere Wochen weiter. Nach der dritten Woche jedoch sollten Sie versuchen, eine solche Generalprobe zu machen. Wenn Sie das am Anfang dieses Buches entwickelte Originaltraining gemacht haben, plus die drei Übungswochen zu Hause, müßten Sie allmählich das Gefühl haben, daß Sie fähig sind, auf irgendeiner Veranstaltung eine einfache Frage zu stellen oder einen einfachen Kommentar anzubringen. Nachdem Sie zwei Wochen lang bei jedem Treffen und jeder Sitzung eine Frage gestellt haben, sind Sie bereit, auch Anmerkungen zu machen. Nehmen Sie sich für die nächsten zwei Wochen vor, bei jeder Veranstaltung, die Sie besuchen, eine Frage zu stellen und einen Kommentar anzubringen.

Machen Sie es sich schließlich zum Gesetz, wann immer möglich, auf jedem von Ihnen besuchten Treffen zumindest eine Frage zu stellen und mindestens einen Kommentar anzubringen.

Erfolgsbericht für Fragen

1. Woche			2. Woche		
Datum	Kommentar	Ruhig – nervös 1–10	Datum	Kommentar	Ruhig – nervös 1–10
1.			6.		
2.			7.		
3.			8.		
4.			9.		
5.			10.		

Erfolgsbericht für Kommentare

1. Woche			2. Woche		
Datum	Kommentar	1–10	Datum	Kommentar	1–10
1.			6.		
2.			7.		
3.			8.		
4.			9.		
5.			10.		

Trainingsinstrument Videogerät

In den letzten Jahren haben Videoaufzeichnungen als Trainingsinstrumente bei Sprachtrainern und Kommunikationsprogrammen wachsende Popularität erlangt. Für den erfahrenen Redner, der die grundlegenden Vortragsfertigkeiten bereits erlernt hat, kann die Videoaufnahme ein informatives Mittel für feine Korrekturarbeiten sein.

Ich empfehle die Arbeit mit dem Videorecorder nicht als Training für unerfahrene oder ängstliche Redner.

Solange die Aufmerksamkeit des Lernenden darauf gerichtet ist, was für ein Bild er abgibt und ob dieses positiv oder negativ ist, lenkt eine Kamera von der Wirkung der anfänglichen Schritte in dem Trainingsprogramm ab. Diese ersten Schritte zielen darauf hin, den Studenten beizubringen, alle Gefühle, die sein Körper in Verbindung mit dem Reden in der Öffentlichkeit *empfindet*, bewußt wahrzunehmen und zu tolerieren. Der erste Schritt ist, den Studenten *wegzuführen* von der äußerlichen oder visuellen Wahrnehmung seiner Gestalt. Vor allem anderen muß der Student lernen, sich durch Körperbewußtsein auf die inneren Empfindungen zu konzentrieren. Die Fähigkeit, willentlich die Aufmerksamkeit nach innen gerichtet zu halten, muß zuerst erworben werden, damit der Student Hemmungen überwinden und Vortragsfertigkeiten entwickeln kann. Für den unerfahrenen oder ängstlichen Redner sind die Fähigkeit zur Körperkontrolle und Koordination für den Fortschritt genauso wichtig, wie sie dies für den frischgebackenen Führerscheinbesitzer sind. Die verschiedenen Techniken, zu reagieren und schnelle Entscheidungen zu fällen, können nicht dadurch gelernt werden, daß Sie sich selbst auf einem Bildschirm beobachten. Sie müssen am Anfang erspürt werden. Man benutzt keine Videos, um den Leuten das Autofahren beizubringen, und dasselbe Gesetz sollte auch auf beginnende oder verängstigte Redner angewendet werden.

Stottern

Von Zeit zu Zeit kommen Leute, die mit dem Stottern Probleme haben, in meine Seminare. Einige dieser Leute waren bei Spezialisten in Behandlung; andere kennen das Problem des Stotterns nur, wenn sie versuchen, vor einer Gruppe zu reden. Die Spannweite der Störung variiert von leicht stockendem Reden bis zu ausgeprägtem Stottern. Diese Studenten werden in das normale Programm integriert und machen genau dieselben Übungen wie die anderen Studenten. Die einzige Abweichung bei ihrem Training ist, daß ich ihnen, sobald sie während ihrer Rede zu stottern beginnen, einen leichten Gegenstand (einen Salzstreuer) in jede Hand drücke und sie bitte, sich während des Vortrags auf das Gewicht des Gegenstands zu konzentrieren. Dadurch wurde das Stottern bisher noch immer wie durch ein Wunder gestoppt. Die Wirkung ist so prompt und offensichtlich, daß aus der Gruppe immer wieder überraschte Reaktionen über das klare Sprechen eines vorher noch stotternden Studenten kommen, der nun unbeeinträchtigt seine Rede zu Ende führt.

In fortgeschritteneren Abschnitten des Programms brauchen diese Studenten nicht mehr die Gegenstände zu halten, sondern werden aufgefordert, sich vorzustellen, daß sie sie noch immer in der Hand halten. Dies muß sehr sorgfältig getan werden, denn wenn man einfach nur vorgibt, den Gegenstand zu halten, ohne dabei auch seine Vorstellungskraft mitspielen zu lassen, funktioniert diese Übung nicht. Wenn man jedoch seine Vorstellungskraft richtig mitarbeiten läßt – indem man die Aufmerksamkeit wirklich auf die Fingerspitzen und die Hände richtet, so daß man sich das »Gefühl« des Gewichts richtig vorstellt –, kann der stotternde Student die Klarheit der Rede aufrechterhalten, die er vorher mit den wirklichen Gewichten erlangt hatte.

Ich empfehle Leuten, die diese Übung ausprobieren wollen, leichte Gegenstände zu benutzen, wie etwa einen Schlüsselbund oder einen kleinen Stein, die nach Möglichkeit nicht mehr als etwa dreihundert Gramm wiegen sollten. Man sollte zwei oder drei Wochen lang mit den wirklichen Gewichten arbeiten, bevor man versucht, nur mit der Vorstellung zu arbeiten. Der Grund dafür ist, daß man zuerst das Gefühl für diesen Gegenstand lernen muß, bevor es möglich ist, ihn sich erfolgreich nur vorzustellen.

Rupert Lay
Dialektik
für Manager
Methoden des erfolgreichen
Angriffs und der Abwehr
Wirtschaftsverlag Langen Müller Herbig

Harald Scheerer
Wie Sie durch Ihr Sprechen gewinnen
Wirtschaftsverlag Langen-Müller/Herbig